旅鉄BOOKS 045

新 青春18きっぷの教科書

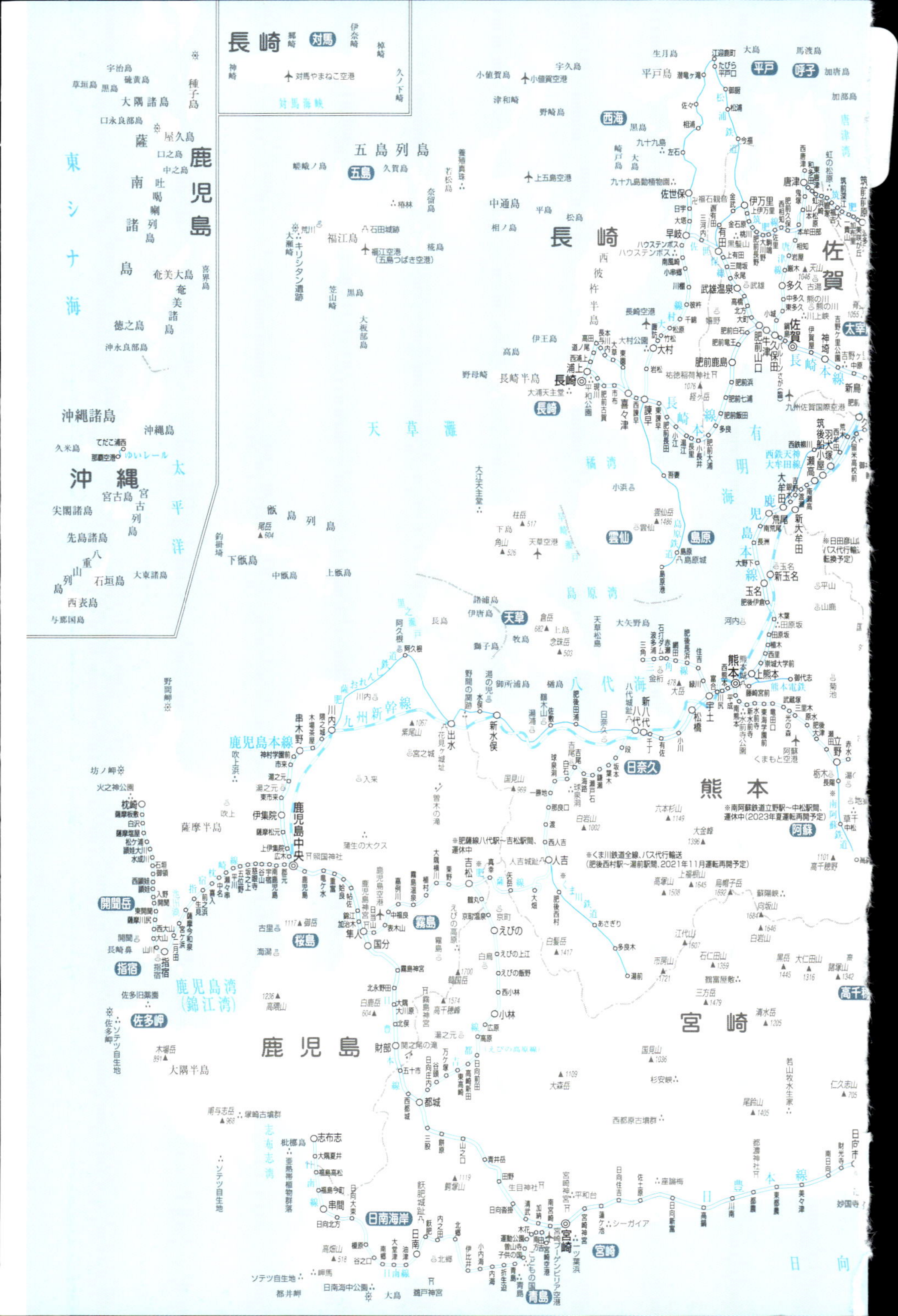
長崎
対馬
対馬やまねこ空港
対馬海峡
五島列島
五島
福江島
福江空港（五島つばきの空港）
中通島
小値賀島
小値賀空港
宇久島
上五島空港
長崎
西彼杵半島
長崎半島
長崎空港
大村
諫早
長崎本線
天草灘
平戸
平戸島
呼子
西海
佐世保
九十九島
ハウステンボス
早岐
有田
伊万里
唐津
佐賀
武雄温泉
肥前鹿島
佐賀空港
九州佐賀国際空港
唐津湾
有明海
島原
島原湾
雲仙
雲仙岳
橘湾
大牟田
柳川
筑後船小屋
新大牟田
西鉄天神大牟田線
鹿児島本線
甑島列島
下甑島
中甑島
上甑島
天草
天草空港
八代海
熊本
熊本空港
くまもと空港
上熊本
宇土
松橋
新八代
八代
日奈久
阿蘇
立野
肥後大津
熊本電鉄
三角線
南阿蘇鉄道
肥薩おれんじ鉄道
九州新幹線
出水
新水俣
川内
串木野
人吉
吉松
えびの
小林
霧島
都城
宮崎
宮崎空港
青島
日南
日南海岸
串間
志布志
志布志湾
鹿児島
鹿児島中央
鹿児島湾（錦江湾）
桜島
薩摩半島
大隅半島
指宿
開聞岳
佐多岬
枕崎
国分
隼人
鹿児島空港
霧島神宮
高千穂
宮崎
日豊本線
日南線
吉都線
肥薩線
くま川鉄道
日向灘
※肥薩線八代駅～吉松駅間、運休中
※くま川鉄道全線、バス代行輸送（肥後西村駅～湯前駅間、2021年11月運転再開予定）
※南阿蘇鉄道立野駅～中松駅間、運休中（2023年夏運転再開予定）
※日田彦山線（バス代行輸送転換予定）
鹿児島
大隅諸島
種子島
屋久島
口永良部島
竹島
硫黄島
黒島
草垣島
宇治島
薩南諸島
吐噶喇列島
口之島
中之島
奄美大島
喜界島
奄美諸島
徳之島
沖永良部島
東シナ海
沖縄諸島
沖縄島
沖縄
久米島
てだこ浦西
那覇空港
ゆいレール
宮古島
宮古列島
尖閣諸島
先島諸島
八重山列島
石垣島
西表島
与那国島
大東諸島
太平洋

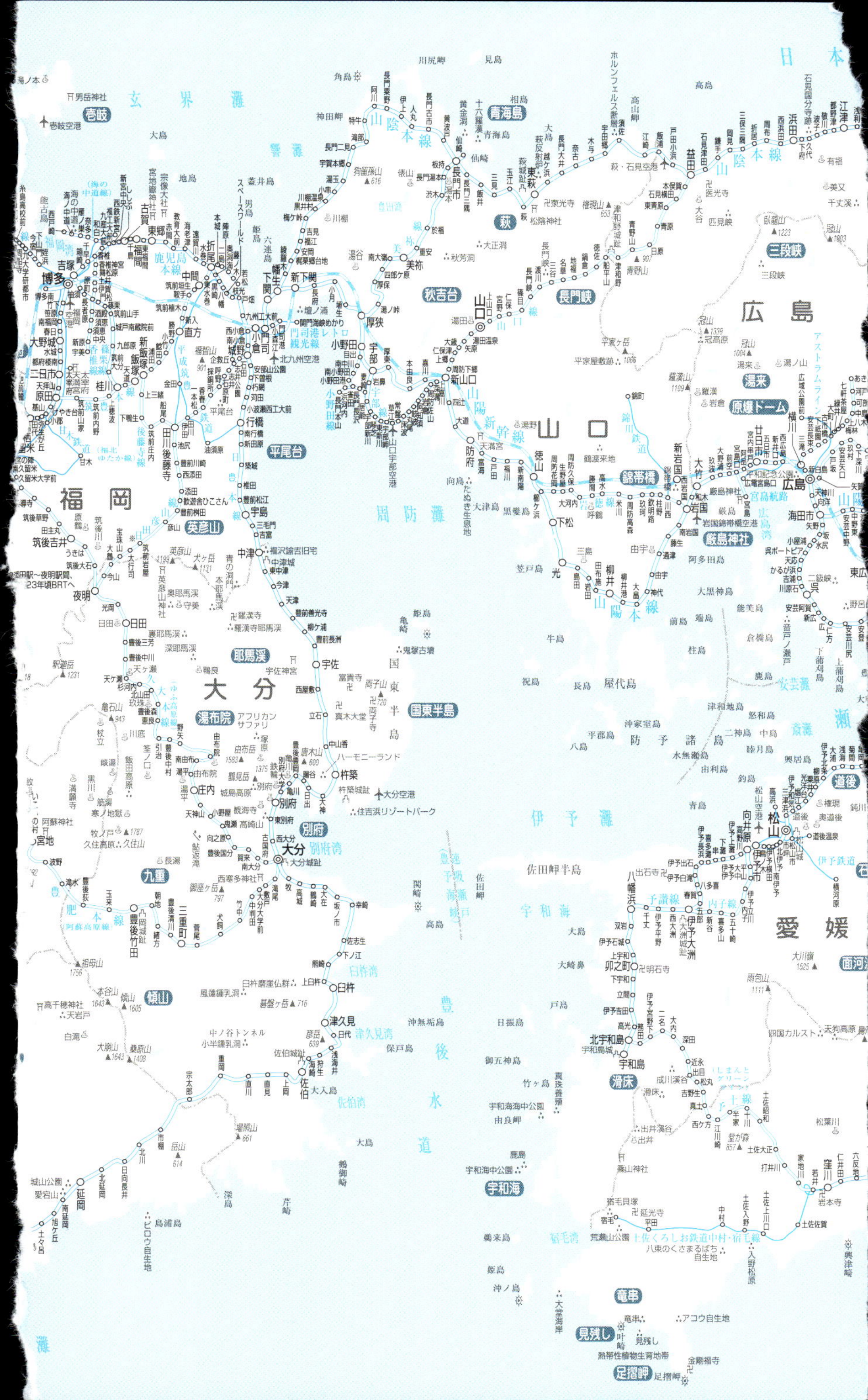

日本海
玄界灘
響灘
周防灘
伊予灘
豊後水道
宇和海
安芸灘
斎灘
別府湾
臼杵湾
津久見湾
佐伯湾
宿毛湾
福岡
大分
山口
広島
愛媛
壱岐
壱岐空港
男岳神社
大島
地島
蓋井島
六連島
角島
見島
相島
青海島
萩
秋吉台
長門峡
三段峡
湯来
原爆ドーム
錦帯橋
宮島航路
厳島神社
英彦山
平尾台
耶馬渓
湯布院
国東半島
九重
傾山
別府
道後
滑床
宇和海
竜串
見残し
足摺岬
博多
吉塚
香椎
二日市
大野城
原田
古賀
福間
東郷
中間
折尾
黒崎
小倉
門司
下関
新下関
幡生
長府
小月
厚狭
宇部
新山口
山口
湯田温泉
防府
徳山
下松
光
柳井
岩国
新岩国
大竹
宮島口
廿日市
広島
海田市
呉
新門司
行橋
中津
宇佐
杵築
大分
別府
臼杵
津久見
佐伯
延岡
日田
夜明
由布院
庄内
豊後竹田
宮地
三重町
益田
浜田
江津
長門市
仙崎
東萩
美祢
松山
伊予市
八幡浜
卯之町
宇和島
北宇和島
窪川
中村
宿毛
山陰本線
山陽本線
山陽新幹線
鹿児島本線
日豊本線
久大本線
豊肥本線
日田彦山線
筑豊本線
平成筑豊鉄道
美祢線
山口線
宇部線
小野田線
岩徳線
錦川鉄道
予讃線
内子線
予土線
土佐くろしお鉄道中村・宿毛線
伊予鉄道
門司港レトロ観光線
北九州空港
山口宇部空港
大分空港
萩・石見空港
松山空港
岩国錦帯橋空港
阿蘇高原線
(海の中道線)
(福北ゆたか線)
(ゆふ高原線)
(しまんとグリーンライン)
アストラムライン
夜明駅~夜明駅間、23年頃BRTへ
由布岳
鶴見岳
英彦山
犬ヶ岳
祖母山
傾山
大崩山
桑原山
石鎚山
大川嶺
雨包山
冠山
恐羅漢山
佐田岬半島
防予諸島
屋代島
周防大島
由布院
別府湾
大分城址
杵築城址
岡城址
臼杵磨崖仏群
高千穂神社
天岩戸
アフリカンサファリ
ハーモニーランド
宇佐神宮
富貴寺
羅漢寺
青の洞門
秋芳洞
大正洞
松陰神社
東光寺
宮島
嚴島
四国カルスト
大洲
内子
八幡浜
宇和島城
竜串
足摺岬
金剛福寺

奥尻空港
奥尻島
日本海
檜山
渡島
後志
胆振
石狩
日高
津軽海峡
太平洋
陸奥湾
青森湾
野辺地湾
内浦湾（噴火湾）
平舘海峡
十三湖
小川原湖
支笏湖
洞爺湖
神威岬
積丹岬
積丹半島
弁慶岬
狩場山
1520
千走川
宮内
長万部岳
972
二股
美利河
遊楽部岳
1277
見市
八雲
五厘沢
銀婚湯
大千軒岳
1072
松前城
湯ノ岱
知内
白神岬
小泊岬
龍飛崎
増川岳
714
大倉岳
647
岩木山
1625
不老ふ死温泉
津軽半島
下北半島
夏泊崎
恐山
879
大湊
下北
大畑
尻屋崎
大間崎
恵山
恵山岬
函館
五稜郭
函館空港
トラピスト修道院
トラピスチヌ修道院
木古内
大沼
大沼公園
駒ケ岳
1131
横津岳
1167
新函館北斗
七飯
森
長万部
黒松内
熱郛
目名
蘭越
ニセコ
昆布
比羅夫
倶知安
ニセコアンヌプリ
1308
羊蹄山
1898
小沢
銀山
然別
仁木
余市
蘭島
塩谷
小樽
南小樽
小樽築港
朝里
銭函
ほしみ
星置
稲穂
手稲
札幌
苗穂
白石
定山渓
無意根山
1461
中山峠
札幌岳
1293
空沼岳
1251
恵庭岳
1320
樽前山
1041
新千歳空港
千歳
南千歳
北広島
恵庭
島松
追分
苫小牧
沼ノ端
登別
東室蘭
室蘭
母恋
地球岬
伊達紋別
洞爺
有珠
長和
豊浦
大岸
礼文
静狩
虎杖浜
白老
社台
錦岡
糸井
青葉
北湯沢
カルルス
弁景
登別
勇払
浜厚真
浜田浦
鵡川
日高本線
室蘭本線
千歳線
函館本線
道南いさりび鉄道
北海道新幹線
青函トンネル
東北新幹線
青い森鉄道
大湊線
津軽線
津軽鉄道
五能線
八戸線
新青森
青森
油川
青森空港
浅虫
浅虫温泉
八甲田山
1585
八甲田
酸ケ湯
谷地
十和田湖
野辺地
七戸十和田
三沢
三沢空港
八戸
本八戸
長苗代
小中野
陸奥湊
白銀
鮫
蕪島
種差海岸
川部
五所川原
木造
奥津軽いまべつ
津軽二股
三厩
津軽浜名
今別
大川平
中小国
蟹田
蓬田
郷沢
瀬辺地
後潟
中沢
奥内
左堰
津軽宮田
津軽新城
大釈迦
鶴ケ坂
浪岡
北常盤
黒石
白鳥飛来地
猿生息北限地
ねぶたの里
まかど
七戸城跡
有戸
吹越
陸奥横浜
有畑
近川
金谷沢
赤川
北野辺地
尾駮沼
鷹架沼
田面木沼
湯野川
下風呂
薬研
川汲
毛無山
631
石田
日浦海岸
湯の川
大船
磯谷
鹿部
恵庭
アイヌ文化博物館
ハッタオマナイ
ペテガリ岳
1736
神威岳
1601
十勝岳
1457
日高育成牧場
アポイ岳高山植物群落
豊似岳
1105
庶野の桜
襟裳岬

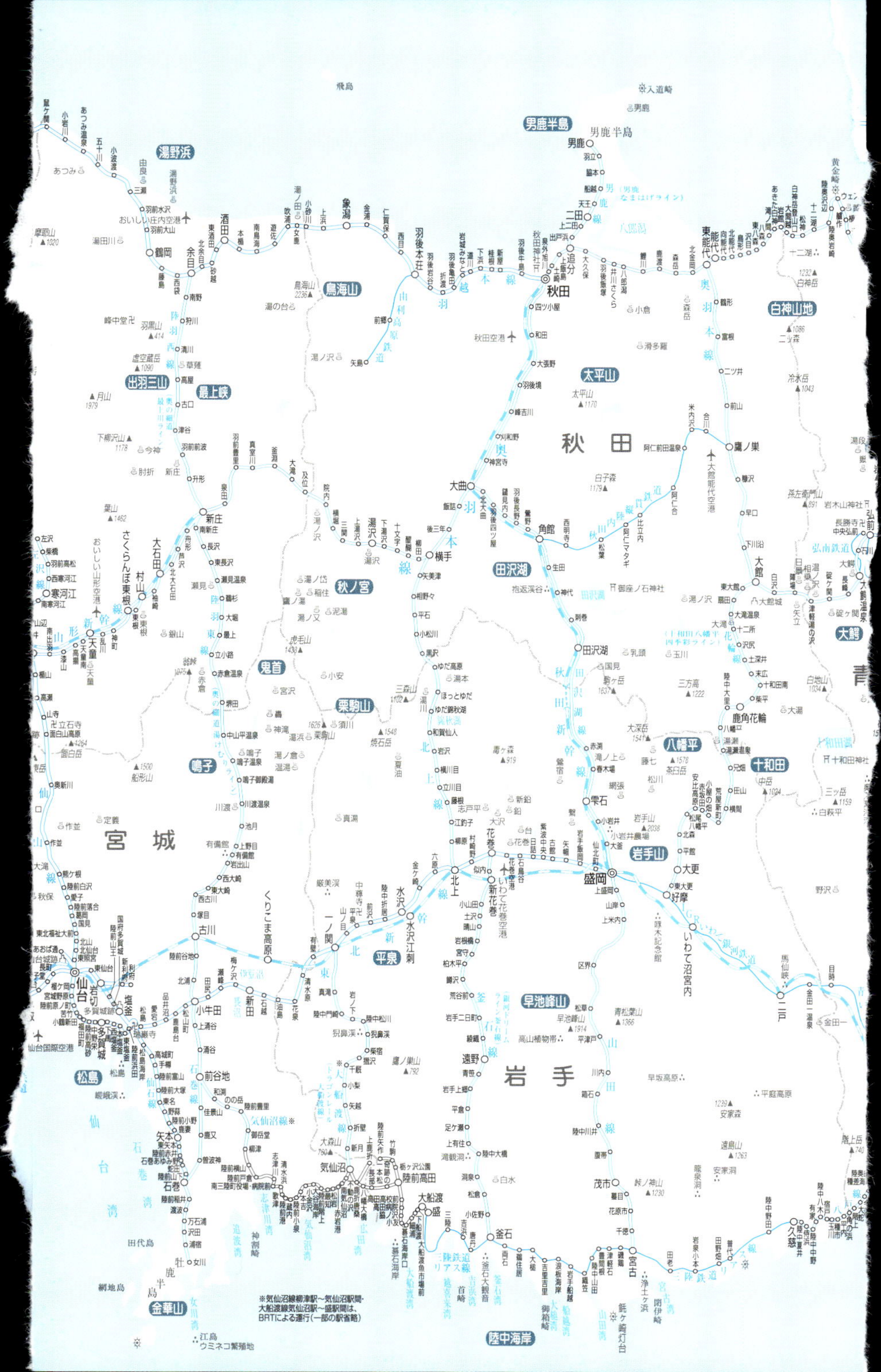

飛島
入道崎
男鹿
男鹿半島
男鹿半島
男鹿
羽立
脇本
船越
天王
二田
上二田
追分
男鹿線
（男鹿なまはげライン）
八郎潟
湯野浜
鼠ケ関
小岩川
あつみ温泉
五十川
小波渡
あつみ
由良
三瀬
羽前水沢
おいしい庄内空港
羽前大山
湯野浜
湯田川
摩耶山 1020
鶴岡
藤島
西袋
余目
砂越
北余目
東酒田
酒田
本楯
南鳥海
遊佐
吹浦
女鹿
小砂川
上浜
象潟
金浦
仁賀保
西目
羽後本荘
羽後岩谷
折渡
羽後亀田
岩城みなと
道川
下浜
桂根
新屋
羽後牛島
秋田
羽越本線
由利高原鉄道
前郷
矢島
鳥海山
鳥海山 2236
湯の台
湯ノ沢
南野
狩川
清川
草薙
高屋
古口
津谷
羽前前波
升形
新庄
陸羽西線
出羽三山
最上峡
羽黒山 414
虚空蔵岳 1090
月山 1979
峰中堂
下柳沢山 1178
今神
肘折
奥の細道最上川ライン
葉山 1462
南新庄
舟形
芦沢
長沢
東長沢
瀬見温泉
瀬見
堺田
赤倉温泉
中山平温泉
鳴子温泉
鳴子御殿湯
川渡温泉
池月
上野目
岩出山
有備館
西大崎
東大崎
西古川
塚目
古川
陸羽東線
奥の細道湯けむりライン
鳴子
鬼首
翁峠 1075
船形山 1500
羽前豊里
真室川
釜淵
大滝
及位
院内
横堀
三関
上湯沢
湯沢
下湯沢
十文字
醍醐
柳田
横手
後三年
飯詰
大曲
奥羽本線
湯ノ沢
秋ノ宮
泥湯
虎毛山 1433
小安
栗駒山
栗駒山 1626
須川
焼石岳 1548
三森山 1102
湯本
夏油
矢美津
相野々
平石
小松川
黒沢
ゆだ高原
ほっとゆだ
ゆだ錦秋湖
和賀仙人
岩沢
横川目
立川目
藤根
北上線
錦秋湖
北上
村崎野
花巻
二枚橋
似内
新花巻
六原
金ケ崎
水沢
陸中折居
前沢
平泉
山ノ目
一ノ関
有壁
清水原
真滝
くりこま高原
水沢江刺
東北新幹線
いわて花巻空港
大沢
志戸平
新鉛
鉛
石鳥谷
紫波中央
日詰
古館
矢幅
岩手飯岡
仙北町
盛岡
上盛岡
山岸
上米内
区界
松草
平津戸
川内
箱石
陸中川井
腹帯
茂市
蟇目
花原市
千徳
山田線
宮古
岩手山
岩手山 2038
小岩井農場
小岩井
大釜
雫石
春木場
赤渕
滝ノ上
田沢湖
秋田新幹線
田沢湖線
刺巻
神代
生田
角館
抱返渓谷
田沢湖
乳頭
国見
駒ケ岳 1637
鶯宿
網張
松川
八幡平
藤七
茶臼岳 1578
大深岳 1541
三方高 1222
白子森 1179
太平山
太平山 1170
秋田
秋田空港
四ツ小屋
和田
大張野
羽後境
峰吉川
刈和野
神宮寺
鑓見内
羽後長野
羽後四ツ屋
北大曲
西明寺
秋田内陸縦貫鉄道
松葉
阿仁マタギ
比立内
阿仁合
米内沢
合川
阿仁前田温泉
鷹ノ巣
大館能代空港
御座ノ石神社
土崎
上飯島
泉外旭川
秋田神社前
出戸浜
大久保
羽後飯塚
井川さくら
八郎潟
鯉川
鹿渡
森岳
北金岡
東能代
能代
向能代
北能代
鳥形
沢目
東八森
八森
滝ノ間
あきた白神
岩館
大間越
白神岳登山口
松神
十二湖
陸奥岩崎
陸奥沢辺
驫木
ウェスパ椿山
黄金崎
十二湖
白神岳 1232
白神山地
二ツ森 1086
冷水岳 1043
奥羽本線
鶴形
森岳
富根
二ツ井
前山
小倉
滑多羅
藤琴
早口
下川沿
大館
東大館
扇田
大滝温泉
十二所
沢尻
土深井
末広
十和田南
柴平
鹿角花輪
八幡平
湯瀬温泉
兄畑
田山
横間
荒屋新町
小屋の畑
赤坂田
安比高原
松尾八幡平
大更
平館
北森
東大更
好摩
IGRいわて銀河鉄道
いわて沼宮内
渋民
啄木記念館
御所野
奥中山高原
二戸
金田一温泉
金田一
斗米
目時
馬仙峡
花輪線
（十和田八幡平四季彩ライン）
十和田
中岳 1024
三ツ岳 1159
白萩平
十和田神社
十和田湖
大湯
白地山 1034
青森
大鰐
大鰐温泉
長峰
碇ケ関
津軽湯の沢
矢立
白沢
陣場
湯ノ沢
相乗
日景
弘南鉄道
中央弘前
弘前
長勝寺
岩木山神社
孫左衛門山 891
湯段
嶽
野沢
平庭高原
早坂高原
安家森 1239
遠島山 1263
安家洞
龍泉洞
峠ノ神山 1230
早池峰山
早池峰山 1914
青松葉山 1366
高山植物帯
岩手
釜石線
（銀河ドリームライン釜石線）
宮守
柏木平
鱒沢
荒谷前
岩手二日町
綾織
遠野
青笹
岩手上郷
平倉
足ケ瀬
上有住
陸中大橋
洞泉
滝観洞
松倉
小佐野
釜石
鶴住居
大槌
吉里吉里
浪板海岸
岩手船越
織笠
陸中山田
豊間根
津軽石
磯鶏
宮古
浄土ヶ浜
宮古湾
閉伊崎
魹ヶ崎灯台
山田湾
船越湾
大槌湾
釜石湾
御箱崎
尾崎
両石
唐丹
吉浜
三陸
恋し浜
甫嶺
三陸鉄道リアス線
越喜来湾
吉浜湾
首崎
釜石大観音
陸中海岸
碁石海岸
碁石海岸口
大船渡
盛
大船渡魚市場前
下船渡
細浦
小友
脇ノ沢
竹駒
奇跡の一本松
陸前高田
高田病院
陸前高田
長部
上鹿折
鹿折唐桑
気仙沼
南気仙沼
大谷海岸
陸前階上
最知
陸前小泉
本吉
小金沢
歌津
清水浜
志津川
陸前戸倉
陸前横山
柳津
南三陸町役場・病院前
御岳堂
陸前豊里
のの岳
和渕
佳景山
鹿又
前谷地
曽波神
気仙沼線
大船渡線
新月
岩ノ下
陸中門崎
陸中松川
猊鼻渓
柴宿
摺沢
千厩
小梨
矢越
折壁
大船渡線
（ドラゴンレール大船渡線）
室根山 895
大森山 780
鷹ノ巣山 792
厳美渓
中尊寺
毛越寺
陸前谷地
北浦
梅ケ沢
瀬峰
田尻
新田
石越
油島
伊豆沼
長沼
小牛田
上涌谷
涌谷
松山町
鹿島台
品井沼
愛宕
松島
高城町
手樽
陸前富山
陸前大塚
東名
野蒜
陸前小野
鹿妻
矢本
東矢本
陸前赤井
石巻あゆみ野
蛇田
陸前山下
石巻
陸前稲井
渡波
万石浦
沢田
浦宿
女川
牡鹿半島
金華山
網地島
田代島
江島
ウミネコ繁殖地
女川湾
追波湾
神割崎
志津川湾
広田湾
仙石線
石巻線
仙台湾
石巻湾
松島
嵯峨渓
松島海岸
高城町
陸前浜田
陸前大塚
本塩釜
塩釜
東塩釜
多賀城
下馬
西塩釜
陸前山王
国府多賀城
東仙台
岩切
新利府
利府
仙台
東照宮
北仙台
北山
東北福祉大前
東北新幹線
仙台空港
仙台国際空港
宮城野原
小鶴新田
苦竹
榴ケ岡
陸前原ノ町
宮城
大崎
多賀城跡
愛子
陸前落合
葛岡
国見
陸前白沢
熊ケ根
作並
奥新川
面白山高原
山寺
立石寺
高瀬
楯山
羽前千歳
南出羽
漆山
高擶
天童南
天童
乱川
神町
さくらんぼ東根
東根
村山
袖崎
大石田
北大石田
芦沢
おいしい山形空港
山形新幹線
寒河江
南寒河江
羽前高松
柴橋
左沢
左沢線
仙山線
面白山 1264
定義
作並
秋保
大渕
銀山
天童

※気仙沼線柳津駅～気仙沼駅間・
大船渡線気仙沼駅～盛駅間は、
BRTによる運行（一部の駅省略）

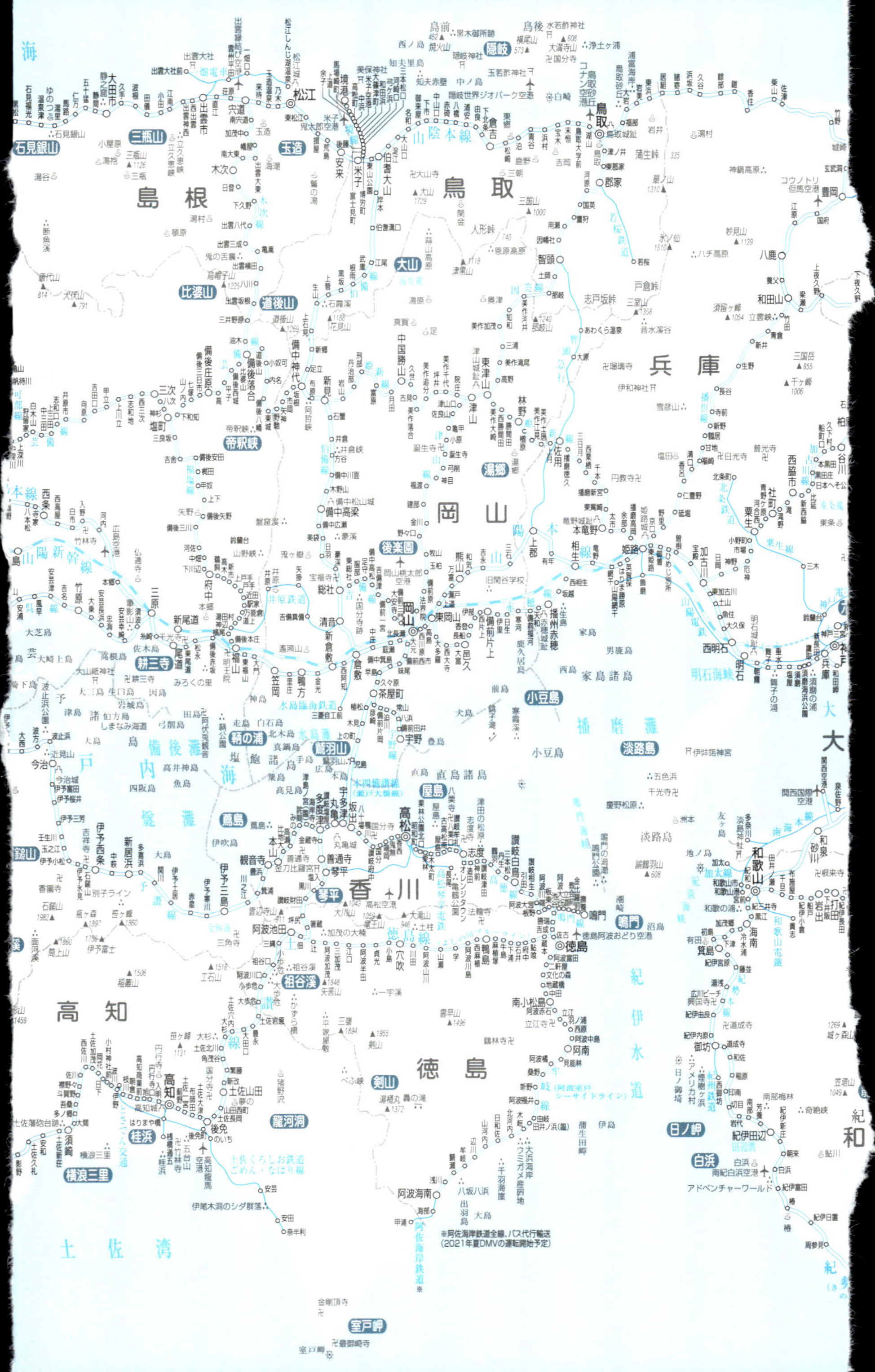
島根
鳥取
岡山
兵庫
香川
徳島
高知
松江
出雲市
大田市
米子
境港
安来
倉吉
鳥取
智頭
津山
新見
備中高梁
総社
倉敷
岡山
東岡山
備前片上
播州赤穂
相生
姫路
加古川
西明石
明石
神戸
和田山
八鹿
豊岡
西脇市
社町
粟生
三次
塩町
府中
三原
尾道
福山
新尾道
笠岡
鴨方
茶屋町
宇野
児島
坂出
宇多津
丸亀
多度津
高松
志度
讃岐白鳥
引田
鳴門
徳島
阿南
阿波池田
穴吹
琴平
観音寺
伊予三島
新居浜
伊予西条
今治
後免
高知
須崎
阿波海南
和歌山
海南
箕島
御坊
紀伊田辺
白浜
山陰本線
山陽本線
山陽新幹線
伯備線
因美線
姫新線
芸備線
福塩線
木次線
播但線
加古川線
赤穂線
宇野線
予讃線
高徳線
徳島線
土讃線
牟岐線
鳴門線
紀勢本線
井原鉄道
水島臨海鉄道
智頭急行
若桜鉄道
土佐くろしお鉄道 ごめん・なはり線
阿佐海岸鉄道
本四備讃線（瀬戸大橋線）
隠岐
大山
蒜山
三瓶山
石見銀山
玉造
道後山
比婆山
帝釈峡
湯郷
後楽園
耕三寺
鞆の浦
鷲羽山
屋島
栗林公園
小豆島
淡路島
鳴門
祖谷渓
龍河洞
剣山
桂浜
横浪三里
日ノ岬
白浜
室戸岬
備後灘
燧灘
播磨灘
紀伊水道
土佐湾
明石海峡
瀬戸内海
出雲空港
米子空港
鳥取空港
岡山空港
広島空港
高松空港
徳島阿波おどり空港
高知龍馬空港
南紀白浜空港
関西国際空港
※阿佐海岸鉄道全線、バス代行輸送
（2021年夏DMVの運転開始予定）

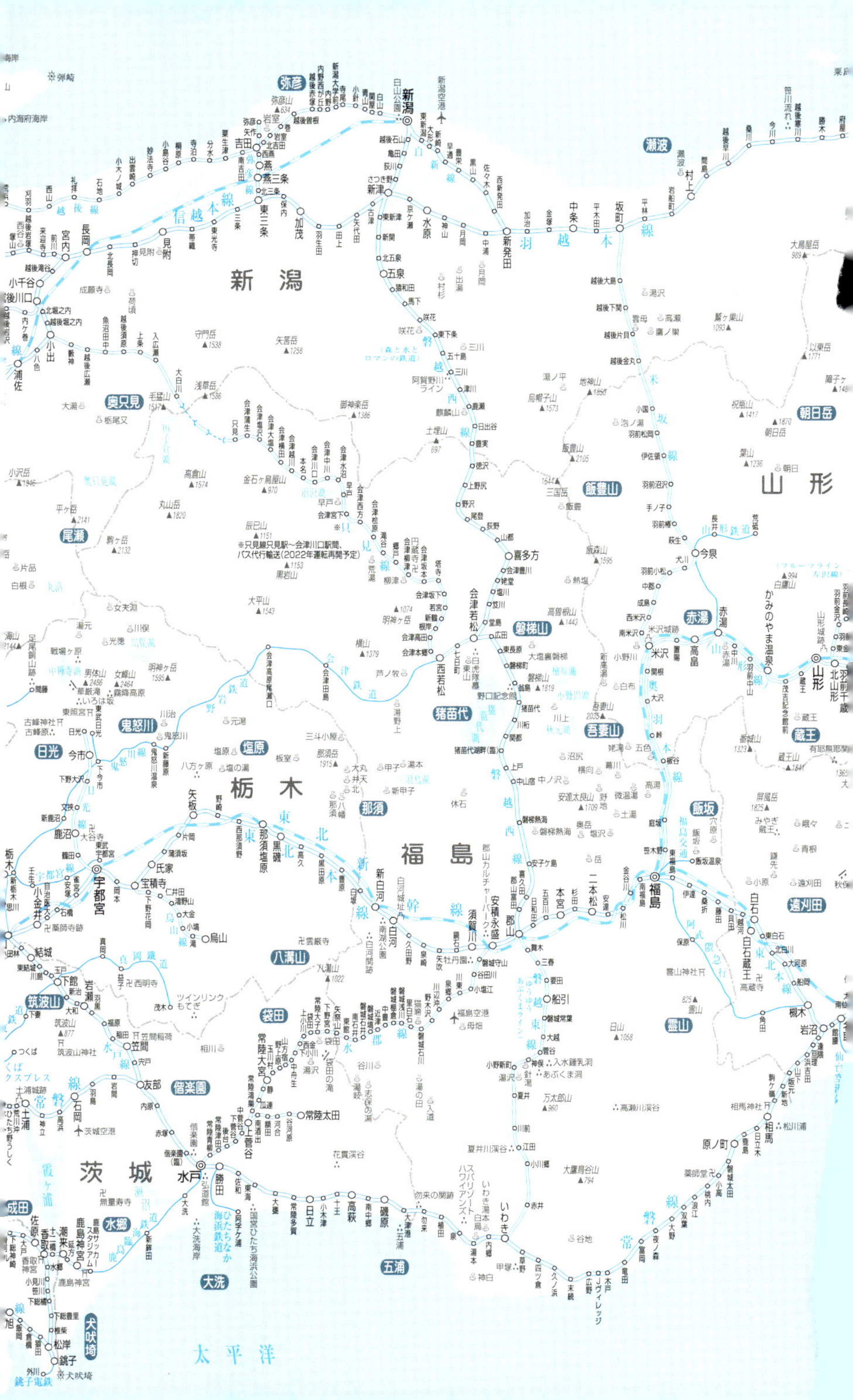

新潟
山形
福島
栃木
茨城
太平洋
弥彦
瀬波
朝日岳
飯豊山
奥只見
尾瀬
鬼怒川
日光
塩原
那須
磐梯山
猪苗代
吾妻山
飯坂
蔵王
遠刈田
霊山
八溝山
筑波山
偕楽園
袋田
大洗
五浦
水郷
成田
犬吠埼
信越本線
越後線
弥彦線
白新線
羽越本線
米坂線
磐越西線
只見線
上越線
奥羽本線
山形線
東北本線
東北新幹線
磐越東線
常磐線
水戸線
水郡線
烏山線
日光線
鬼怒川線
真岡鐵道
会津鉄道
野岩鉄道
山形鉄道
阿武隈急行
福島交通
ひたちなか海浜鉄道
鹿島臨海鉄道
関東鉄道
銚子電鉄
新潟
白山
関屋
青山
小針
寺尾
新潟大学前
内野
内野西が丘
越後赤塚
越後曽根
岩室
吉田
燕
燕三条
東三条
北三条
加茂
長岡
見附
宮内
小千谷
越後川口
小出
浦佐
新津
五泉
新発田
中条
坂町
村上
喜多方
会津若松
西若松
郡山
福島
米沢
赤湯
かみのやま温泉
山形
北山形
羽前千歳
白石
白石蔵王
岩沼
相馬
原ノ町
いわき
日立
勝田
水戸
友部
笠間
下館
結城
小山
宇都宮
宝積寺
烏山
今市
鹿沼
矢板
那須塩原
黒磯
新白河
白河
須賀川
安積永盛
本宮
二本松
船引
常陸大宮
常陸太田
上菅谷
高萩
磯原
土浦
石岡
鹿島神宮
潮来
佐原
香取
松岸
銚子
旭
新潟空港
福島空港
茨城空港
※只見線只見駅〜会津川口駅間、バス代行輸送（2022年運転再開予定）

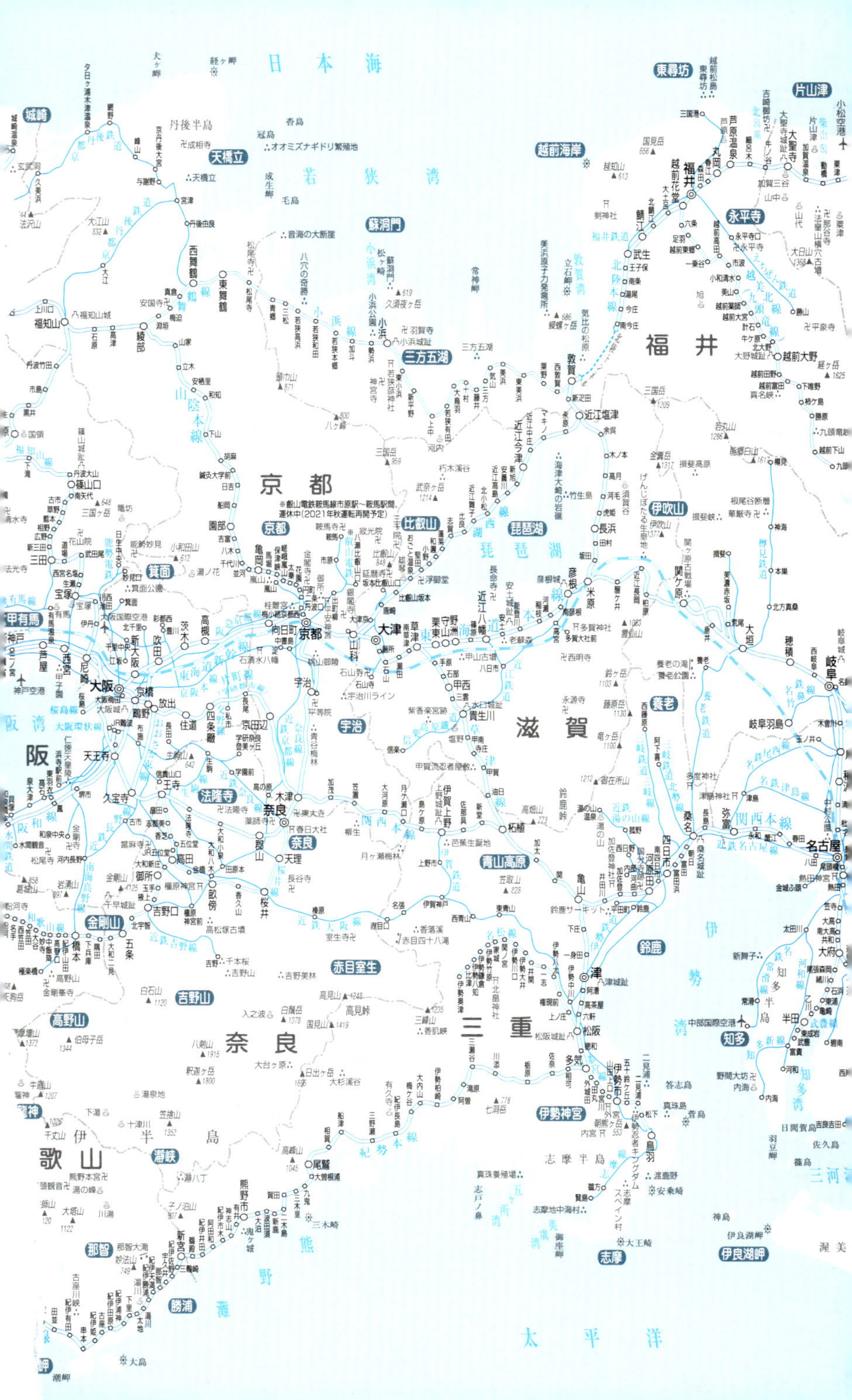

日本海
若狭湾
伊勢湾
熊野灘
太平洋
三河湾
福井
京都
滋賀
三重
奈良
歌山
阪
琵琶湖
※叡山電鉄鞍馬線市原駅〜鞍馬駅間、運休中(2021年秋運転再開予定)
城崎
天橋立
越前海岸
東尋坊
片山津
永平寺
蘇洞門
三方五湖
比叡山
伊吹山
京都
箕面
宇治
養老
法隆寺
奈良
青山高原
赤目室生
金剛山
吉野山
高野山
鈴鹿
知多
伊勢神宮
志摩
伊良湖岬
那智
勝浦
瀞峡
福知山
綾部
東舞鶴
西舞鶴
宮津
小浜
敦賀
武生
鯖江
福井
芦原温泉
丸岡
大聖寺
越前花堂
越前大野
近江塩津
長浜
米原
彦根
関ケ原
大垣
岐阜
名古屋
草津
大津
山科
京都
向日町
高槻
茨木
吹田
新大阪
大阪
尼崎
西宮
芦屋
神戸
宝塚
篠山口
三田
亀岡
京橋
鶴橋
天王寺
放出
住道
四条畷
京田辺
木津
奈良
郡山
天理
桜井
高田
畝傍
吉野口
五条
橋本
王寺
久宝寺
貴生川
柘植
伊賀上野
亀山
四日市
桑名
弥富
津
松阪
多気
伊勢市
鳥羽
尾鷲
熊野市
新宮
紀勢本線
関西本線
東海道新幹線
東海道本線
北陸本線
湖西線
山陰本線
福知山線
小浜線
舞鶴線
草津線
奈良線
片町線

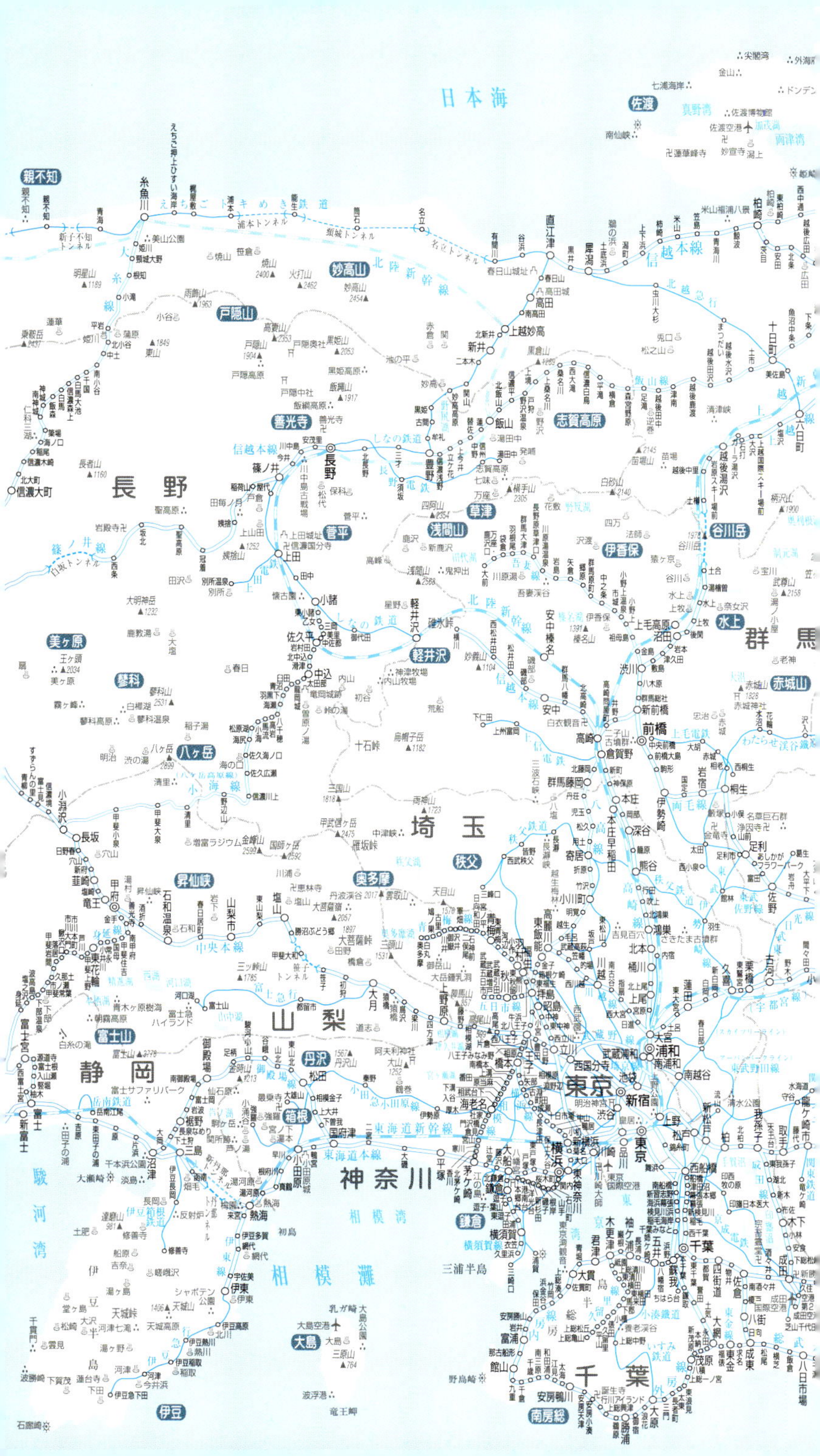

日本海
佐渡
真野湾
両津湾
親不知
糸魚川
えちごトキめき鉄道
妙高山
北陸新幹線
戸隠山
直江津
上越妙高
高田
新井
柏崎
信越本線
北越急行
十日町
六日町
善光寺
長野
しなの鉄道
飯山
豊野
志賀高原
長野電鉄
篠ノ井
上田
菅平
浅間山
草津
伊香保
谷川岳
水上
小諸
軽井沢
佐久平
美ヶ原
蓼科
八ヶ岳
群馬
赤城山
前橋
高崎
渋川
沼田
小海線
小淵沢
甲府
長坂
昇仙峡
塩山
石和温泉
山梨市
中央本線
大月
埼玉
秩父
奥多摩
熊谷
深谷
本庄
大宮
浦和
川越
立川
八王子
東京
新宿
渋谷
池袋
上野
富士山
山梨
静岡
富士宮
富士
新富士
御殿場
丹沢
箱根
小田原
沼津
三島
東海道新幹線
東海道本線
神奈川
平塚
藤沢
茅ケ崎
大船
鎌倉
横浜
新横浜
川崎
横須賀
熱海
伊東
伊豆
修善寺
駿河湾
相模湾
相模灘
大島
三浦半島
千葉
木更津
君津
五井
成田
佐倉
船橋
松戸
柏
我孫子
取手
茂原
館山
南房総
安房鴨川
大原
勝浦
大網
東金
八日市場
銚子
石廊崎
野島崎

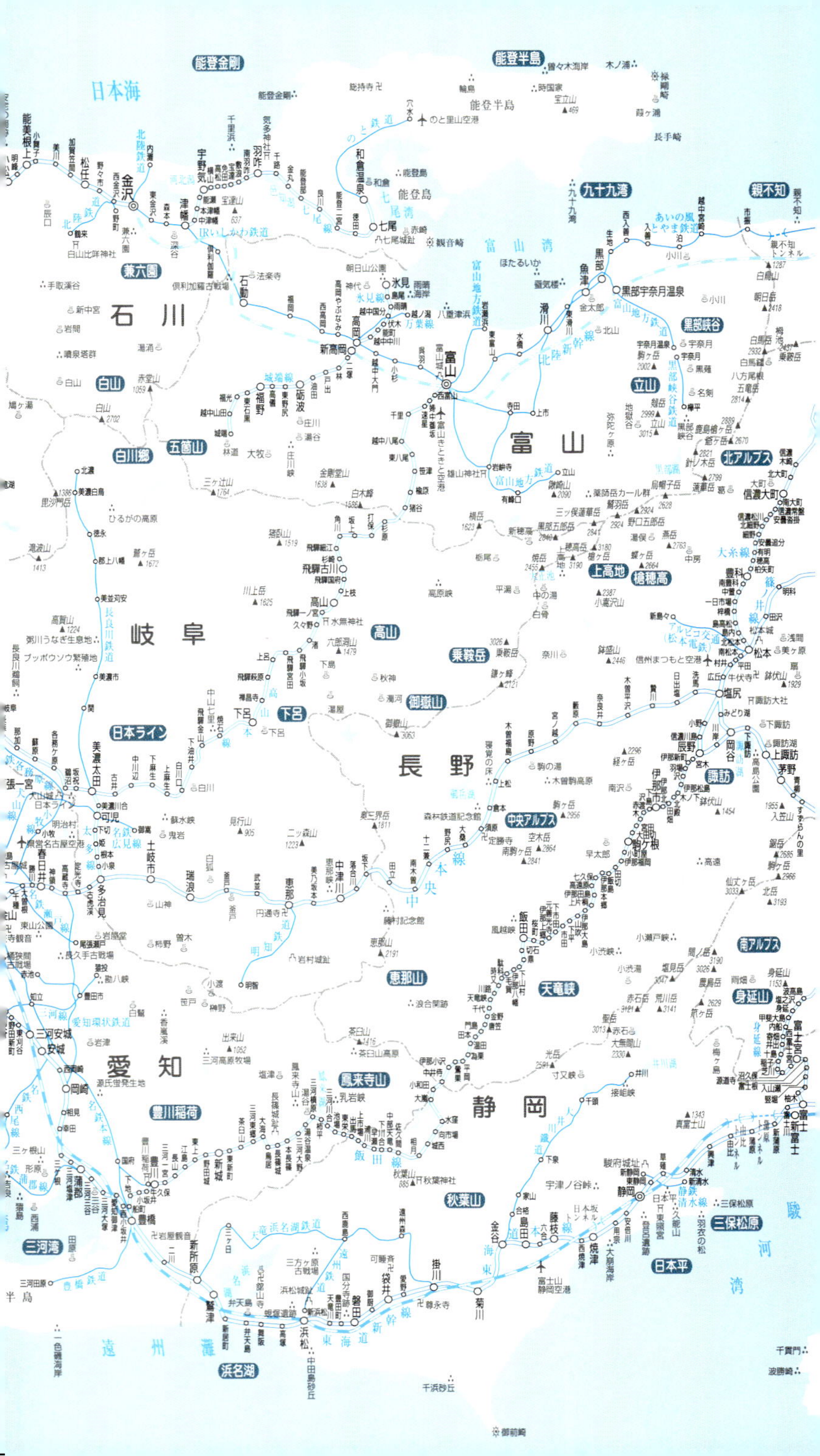

日本海
能登金剛
能登半島
曽々木海岸
木ノ浦
禄剛崎
総持寺
輪島
時国家
宝立山
能登金剛
能登半島
穴水
のと里山空港
のと鉄道
狼ヶ浦
長手崎
千里浜
気多神社
能美根上
小舞子
美川
加賀笠間
松任
野々市
西金沢
金沢
北陸鉄道
内灘
河北潟
宇野気
横山
免田
高松
宝達
敷浪
南羽咋
羽咋
千路
金丸
能登部
良川
能登二宮
徳田
和倉温泉
和倉
能登島
七尾湾
七尾
七尾線
赤崎
観音崎
七尾城址
九十九湾
親不知
明峰
北陸鉄道
辰口
鶴来
白山比咩神社
野町
東金沢
森本
津幡
能瀬
本津幡
中津幡
宝達山
IRいしかわ鉄道
兼六園
深谷
倶利伽羅
兼六園
富山湾
ほたるいか
蜃気楼
富山地方鉄道
越中宮崎
泊
あいのの風とやま鉄道
入善
西入善
生地
黒部
魚津
小川
市振
親不知トンネル
白鳥山
朝日岳
石川
手取渓谷
法華寺
倶利加羅古戦場
石動
福岡
西高岡
高岡
氷見
雨晴
新高岡
越中国分
伏木
能町
万葉線
八重津浜
富山
呉羽
越中中川
小杉
岩瀬浜
東富山
水橋
滑川
東滑川
金太郎
北陸新幹線
黒部宇奈月温泉
宇奈月温泉
黒部峡谷
宇奈月
黒薙
新中宮
岩間
噴泉塔群
湯涌
白山
赤堂山
白山
五箇山
城端線
福光
福野
高儀
東野尻
砺波
油田
戸出
林
二塚
越中大門
越中山田
東石黒
城端
林道
大牧
庄川
湯谷
庄川峡
白川郷
富山
寺田
上市
岩峅寺
立山
富山地方鉄道
有峰口
雄山神社
千里
西富山
婦中鵜坂
速星
越中八尾
東八尾
笹津
楡原
猪谷
富山きときと空港
立山
黒部峡谷鉄道
欅平
名剣
地獄谷
弥陀ヶ原
鹿島槍ヶ岳
五竜岳
白馬鑓
白馬岳
八方尾根
唐松岳
北アルプス
針ノ木岳
剱岳
立山
金剛堂山
三ヶ辻山
白木峰
薬師岳カール群
烏帽子岳
蓮華岳
北大町
信濃大町
大町
北濃
ひるがの高原
三ッ俣蓮華岳
鷲羽岳
野口五郎岳
黒部五郎岳
槍ヶ岳
新穂高
湯俣
燕岳
猪臥山
角川
坂上
打保
杉原
飛騨細江
杉崎
飛騨古川
飛騨国府
上枝
高山
飛騨一ノ宮
久々野
水無神社
大糸線
豊科
南豊科
一日市場
梓橋
島内
島高松
北松本
松本
南松本
松本城
篠ノ井線
明科
田沢
浅間
美ヶ原
扉
鉢伏山
焼岳
上高地
穂高岳
槍穂高
上高地
中の湯
白骨
平湯
栃尾
高原峡
小遠沢山
上高地
新島々
アルピコ交通(松本電鉄)
信州まつもと空港
村井
平田
広丘
牛伏寺
塩尻
みどり湖
諏訪大社
下諏訪
上諏訪
諏訪湖
茅野
岡谷
川岸
辰野
宮木
伊那新町
羽場
伊那松島
木ノ下
北殿
田畑
沢
伊那北
伊那市
下島
赤木
宮田
大田切
駒ヶ根
小町屋
伊那福岡
鉢伏山
高遠
入笠山
諏訪
仙丈ヶ岳
甲斐駒ヶ岳
北岳
間ノ岳
南アルプス
塩見岳
荒川岳
赤石岳
聖岳
寸又峡
光岳
大無間山
井川
接岨峡
千頭
大井川鐵道
静岡
下泉
家山
宇津ノ谷峠
駿府城址
新静岡
東静岡
静岡
草薙
清水
新清水
静鉄清水線
三保松原
三保松原
日本平
久能山
東照宮
登呂遺跡
焼津
西焼津
大崩海岸
用宗
安倍川
藤枝
六合
島田
金谷
合格
富士山静岡空港
掛川
菊川
袋井
磐田
浜松
浜松城址
新浜松
天竜川
豊田町
遠州鉄道
天竜浜名湖鉄道
三方ヶ原古戦場
可睡斎
舘山寺
弁天島
舞阪
高塚
新居町
鷲津
新所原
二川
豊橋
浜名湖
遠州灘
中田島砂丘
千浜砂丘
御前崎
駿河湾
富士
新富士
富士宮
身延
身延線
身延山
沼久保
入山瀬
柚木
竪堀
波高島
下部温泉
甲斐大島
内船
稲子
芝川
千貫門
波勝崎
岐阜
北濃
美濃白山
白鳥
徳永
郡上八幡
美並苅安
長良川鉄道
美濃市
関
美濃太田
鷲ヶ岳
大日ヶ岳
高賀山
瓢箪山
長良川鵜飼
関川うなぎ生息地
ブッポウソウ繁殖地
那加
蘇原
各務ヶ原
鵜沼
坂祝
古井
中川辺
下麻生
上麻生
白川口
白川
日本ライン
犬山
新鵜沼
可児
御嵩
美濃川合
下切
姫
根本
小泉
名鉄広見線
土岐市
多治見
瑞浪
釜戸
武並
恵那
美乃坂本
中津川
落合川
坂下
田立
南木曽
十二兼
野尻
大桑
須原
倉本
上松
木曽福島
原野
宮ノ越
藪原
奈良井
木曽平沢
贄川
日出塩
洗馬
中央本線
寝覚の床
木曽駒高原
駒ケ岳
空木岳
南駒ヶ岳
中央アルプス
駒の湯
森林鉄道記念館
御嶽山
濁河
御嶽山
乗鞍岳
乗鞍岳
奈川
鉢盛山
経ヶ岳
下呂
飛騨萩原
上呂
飛騨宮田
飛騨小坂
渚
禅昌寺
飛騨金山
焼石
白川口
中山七里
高山本線
下呂
秋神
湯屋
六郎洞山
下島
春日井
勝川
神領
定光寺
古虎渓
高蔵寺
名古屋空港
小牧
明治村
日本ライン
犬山城
鬼岩
蘇水峡
見行山
二ッ森山
白狐
愛岐道
円通寺
明知鉄道
明智
恵那峡
恵那山
岩村城址
馬籠
奥三界岳
藤村記念館
木曽
瀬戸線
尾張瀬戸
岩屋堂
柿野
曽木
猿投
豊田市
長久手古戦場
知立
三河安城
安城
岡崎
西岡崎
小渡
笹戸
榊野
香嵐渓
愛知環状鉄道
三河線
出来山
三河高原牧場
茶臼山
茶臼山高原
浪合関跡
天竜峡
飯田
桜町
伊那八幡
下山村
駄科
時又
毛賀
唐笠
門島
温田
平岡
中井侍
伊那小沢
小和田
大嵐
水窪
向市場
城西
相月
佐久間
中部天竜
早瀬
下川合
上市場
浦川
出馬
東栄
東新町
三河槇原
湯谷温泉
三河大野
乳岩峡
鳳来寺山
鳳来寺
飯田線
長篠城址
本長篠
茶臼山
東上
江島
長山
大海
鳥居
三河東郷
新城
東新町
野田城
三河一宮
豊川
豊川稲荷
牛久保
小坂井
下地
船町
豊橋
国府
三河湾
名鉄西尾線
蒲郡
三河鹿島
形原
三谷温泉
三河大塚
三河三谷
豊橋鉄道
田原
三河田原
伊良湖
恋路ヶ浜
岩屋観音
新所原
天竜浜名湖鉄道
源氏蛍発生地
愛知
静岡
長野
秋葉山
秋葉山
秋葉神社
蛇峠
天竜
愛宕
一色
渥美半島

新 青春18きっぷの教科書

「旅と鉄道」編集部 編

旅鉄BOOKS
天夢人
Temjin

Contents

本書は「青春18きっぷの旅」（天夢人発行）の2018年増刊7月号、2019年増刊７月号、2020年増刊７月号より抜粋し、再編集したものです。現在と景観や内容が変わっている場合がございます。また、新型コロナウイルスの影響により、列車の運行状況や時刻、施設の営業内容、営業時間等が変更になる可能性があります。お出かけ前に最新の情報をご確認ください。

いまさら
聞けない？

初めてでも
安心!

青春18きっぷの
トリセツ
Q&A

JRの普通列車が1日乗り放題となる、おなじみの青春18きっぷ。
40年近い歴史を誇り、すっかり長期休暇期間の定番商品となった。
ここでは青春18きっぷのイロハから使い方、特例、
覚えておきたい裏ワザなどをご紹介。

文／平賀尉哲
イラスト／山岡 緑

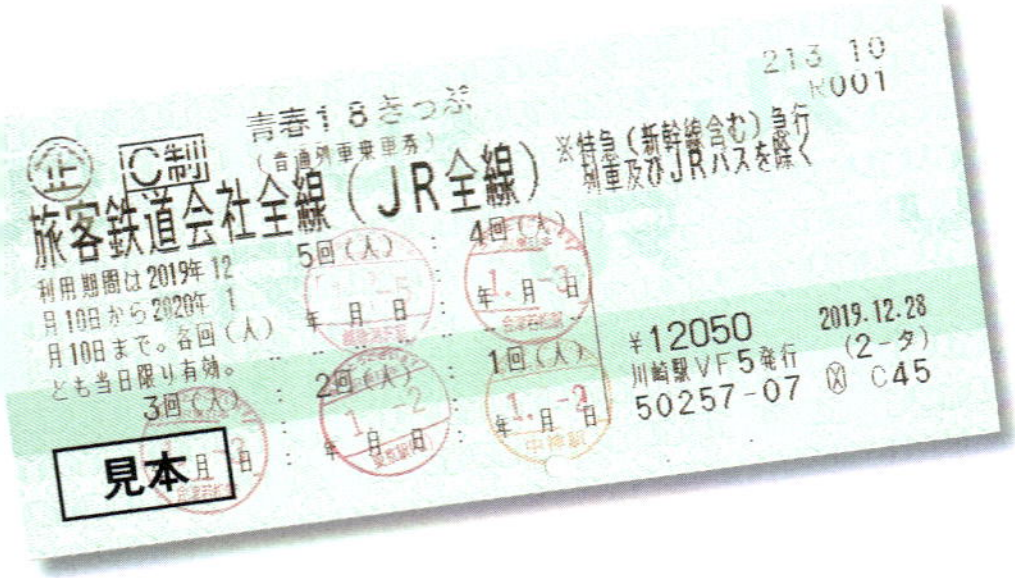

Q1 どんなきっぷ?

A 1枚1万2050円で5回分がセットに

青春18きっぷは、特急・急行・新幹線を除く全国のJR線の普通列車が乗り放題となるフリーきっぷだ。５回(人)分が１枚になっており、価格は１２０５０円。１回(人)あたりの価格は２４１０円と格安である。こうした点が、発売以来40年近い間、鉄道ファンだけでなく、多くの旅行好きに支持されている理由だろう。

国鉄末期の１９８２(昭和57)年、相次ぐ運賃値上げで「国鉄離れ」ともいわれる現象が起こり、乗車率が減少していたころの増収策の一環として企画された。当初は「青春18のびのびきっぷ」と称し、翌83(昭和58)年春から現在の名称となった。

注目!

年齢制限なし!

青春18きっぷの愛称から、18歳まで、あるいは18歳だけの年齢制限があるのではとの誤解が根強く残っているが、そんなことはなく、老若男女、誰でも利用できる。これには発売当初に国鉄が青少年・学生をイメージした「青春」と、「18歳のころの気持ちのまま」という願いも込められている。ただし、子ども料金の設定はなく、小学生も大人と同じ1回分が必要だ。

注目!

グループでも使える!

１枚のきっぷで５回(人)利用できると紹介した。１人で日を分けて５回利用してもよいし、５日間連続で使ってもよい。また、２人で１泊２日(１回分余るが)や、５人が同時に日帰り旅行に利用することもできる。ただし、複数人が利用する際は使い始めから、その日の乗車終了まで同一行程をとらなければならず、バラバラな行動はできないので注意しよう。

Q2 いつ買えるの？

A 春、夏、冬の年3回 発売・利用期間がある

青春18きっぷは毎年春・夏・冬に発売される。例年（下記は2021年度）の発売期間と利用期間のスケジュールは表の通りで、長期休暇期間に合わせている。発売・利用期間とも最も長いのは夏季シーズンで、利用できる日は通算で53日だ。また、夏季は最も混雑する時期でもある。

1シーズンで5回（人）分を使い切れなかったとしても、翌シーズンへの繰り越しは不可。例えば、春の利用期間に4回分しか使えなかったとしても、残りの1回分を夏や冬に使うことはできない。きっちり1シーズンで使い切るよう、上手にスケジュールを組もう。

	販売期間	利用期間
春	2月20日～3月31日	3月1日～4月10日
夏	7月1日～8月31日	7月20日～9月10日
冬	12月1日～12月31日	12月10日～1月10日

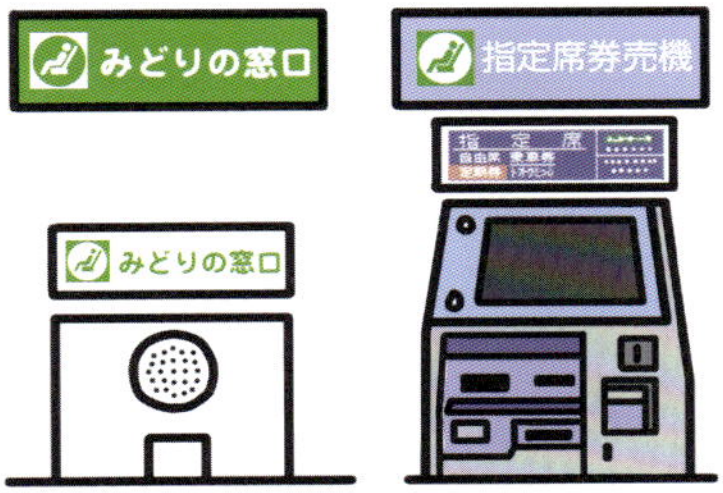

Q3 どこで買えるの？

A みどりの窓口のほか 指定席券売機でも購入可能

青春18きっぷは全国のJRの主要駅、JRの旅行センターおよび主な旅行代理店で発売される。駅では「みどりの窓口」「きっぷうりば」が便利だ。窓口で「青春18きっぷを」と伝えれば、即座に発行され、当日から使用が可能。ただし、早朝に出発する場合は、窓口が開いていないこともあるので、なるべく前日までに購入しよう。また、指定席券売機でも青春18きっぷは購入できる。タッチパネル上の「おトクなきっぷ」から「青春18きっぷ」を選択すると発券される。

Q4
どうやって使うの？

A 自動改札は使えない！ 有人改札口でスタンプを押してもらおう

　最初に乗車する駅の有人改札口で係員にスタンプを押してもらおう。これで、その日は1日中、JR線を利用できる。2～5人で1枚のきっぷを使うときは、使用人数分のスタンプが押される。

　途中下車するときや2回目以降に乗車する際は、有人改札口で押印した青春18きっぷを提示する。裏面に磁気が塗られているが、自動改札機には対応していないので、間違って自動改札機に挿入しないようにしよう。

　無人駅から乗車した場合は、車掌に日付を入れてもらうと、駅での扱いと同等になる。

Q5
払い戻しはできる？

A 未使用の場合のみ可能だが手数料が220円必要

　スケジュールを組んで青春18きっぷを用意していたのに、使わなかった場合は払い戻しできるのだろうか。結論から言えば、未使用で有効期間内であれば払い戻しできる。ただし、普通乗車券と同じ手数料220円が必要だ。なお、1回（人）でも使用していれば、たとえ大半が残っていても払い戻しはされないのでご注意を。

Q6 1回の利用時間は?

A 基本は0時～24時 東京・大阪は終電まで

青春18きっぷの1回分の有効時間は、0時から24時までだ。日をまたいで運行する列車の場合は、0時を回って最初の停車駅まで有効。東海道本線882M(静岡23時44分発↓沼津0時36分着)を例にとると、由《ゆ》比《い》が0時04分発、蒲原《かんばら》が0時08分発である。由比までは乗車できるが、蒲原以遠は差額またはもう1回分が必要になる。

0時を過ぎても列車が運行されている東京・大阪の電車特定区間は、最終電車まで有効だ。なかには行先駅が1時を回る列車もあり、乗り越してしまえば引き返す列車はない。くれぐれも寝過ごさないように。

東京の電車特定区間

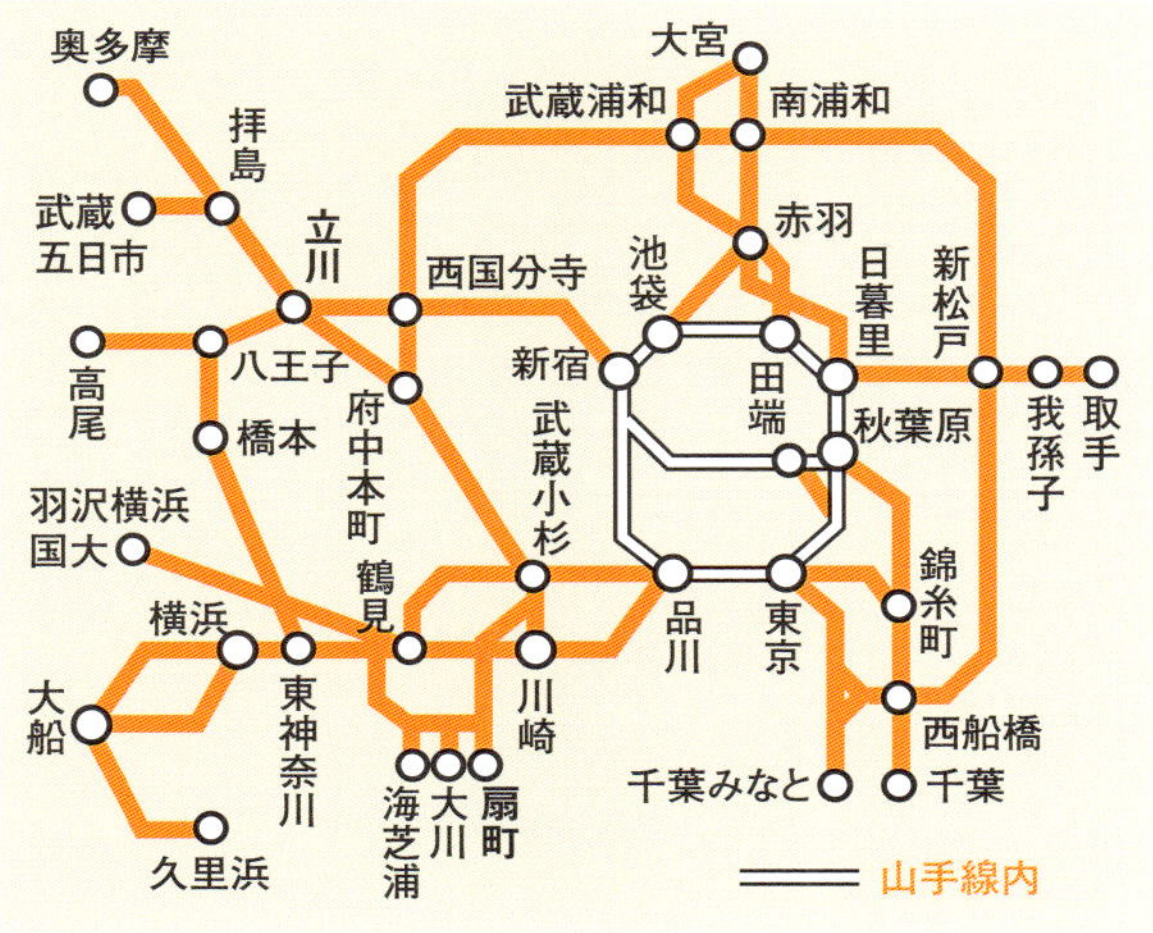

大阪の電車特定区間

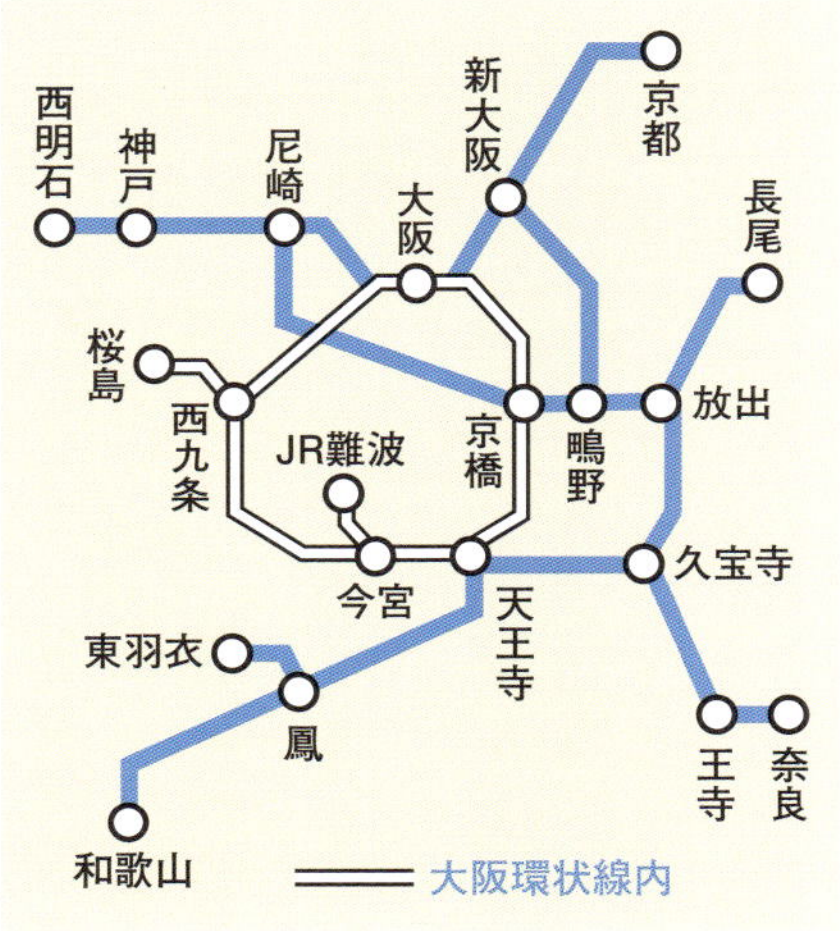

Q7

列車が運休や遅延したら？

A 基本的に救済措置は一切なし！

青春18きっぷは通常の乗車券と異なり特殊なきっぷであることから、独自の旅客営業規則が付けられている。そのひとつが列車の運休・遅延が発生しても払い戻しや有効期間の延長がないこと。さらに災害等の理由で次の列車に接続せず、当日の最終目的地に到着しない場合でも、新幹線・特急などへの振替といった救済措置はとらないことだ。格安であることはメリットだが、数少ないデメリットもあることを心得ておきたい。

Q8

どんな列車も乗り降り自由？

A ＪＲの快速・普通列車のほか特例がいろいろある

大都会の通勤電車から都市間を結ぶ近郊電車、地方ローカル線の各駅停車まで、全国のＪＲの快速・普通列車の普通車自由席なら乗り放題だ。快速列車には「快速」のほか、「特別快速」「区間快速」「通勤快速」「新快速」などがあり小駅を通過するが、特急料金などは不要で運賃（乗車券）のみで乗車できることから、青春18きっぷでも利用できる。

さらに、土休や行楽シーズンを中心に運転される「ＳＬぐんまみなかみ」「ＳＬぐんまよこかわ」「ＳＬばんえつ物語」を始め、「リゾートしらかみ」「おいこっと」「ポケモントレイン」「しまんトロッコ」などの観光列車、臨時列車の一部も、乗車できるので、青春18きっぷの旅に組み込んでみたい。

注目！ 特急・三セクに乗れる区間がある！

特急列車しか走っていない区間

快速・普通列車しか乗れない青春18きっぷだが、特例として特急の普通車自由席に乗車できる区間がある。普通列車が1本も設定されていない石勝線《せきしょうせん》新夕張～新得間と、乗車券のみで特急の普通車自由席への乗車が認められている奥羽本線《おううほんせん》新青森～青森間、佐世保線早《はい》岐《き》～佐世保間、宮崎空港線宮崎～宮崎空港間がそれである。ただし、この区間を越えて特急に乗車した場合は差額ではなく、乗車全区間の運賃と特急料金が請求される。

JRに囲まれた第三セクター区間

一部の第三セクター鉄道でも例外的に青春18きっぷを利用できる区間がある。東北の青い森鉄道は青森～八戸間で利用が可能で、青森・野辺地《のへじ》・八戸で途中下車ができる。北陸のあいの風とやま鉄道は高岡～富山間、IRいしかわ鉄道は金沢～津幡間で利用でき、それぞれ高岡・富山・金沢・津幡《つばた》で途中下車可能。ただし、いずれも区間内で途中下車をした場合、区間を越えての乗車には別途、全乗車区間の運賃が必要となる。

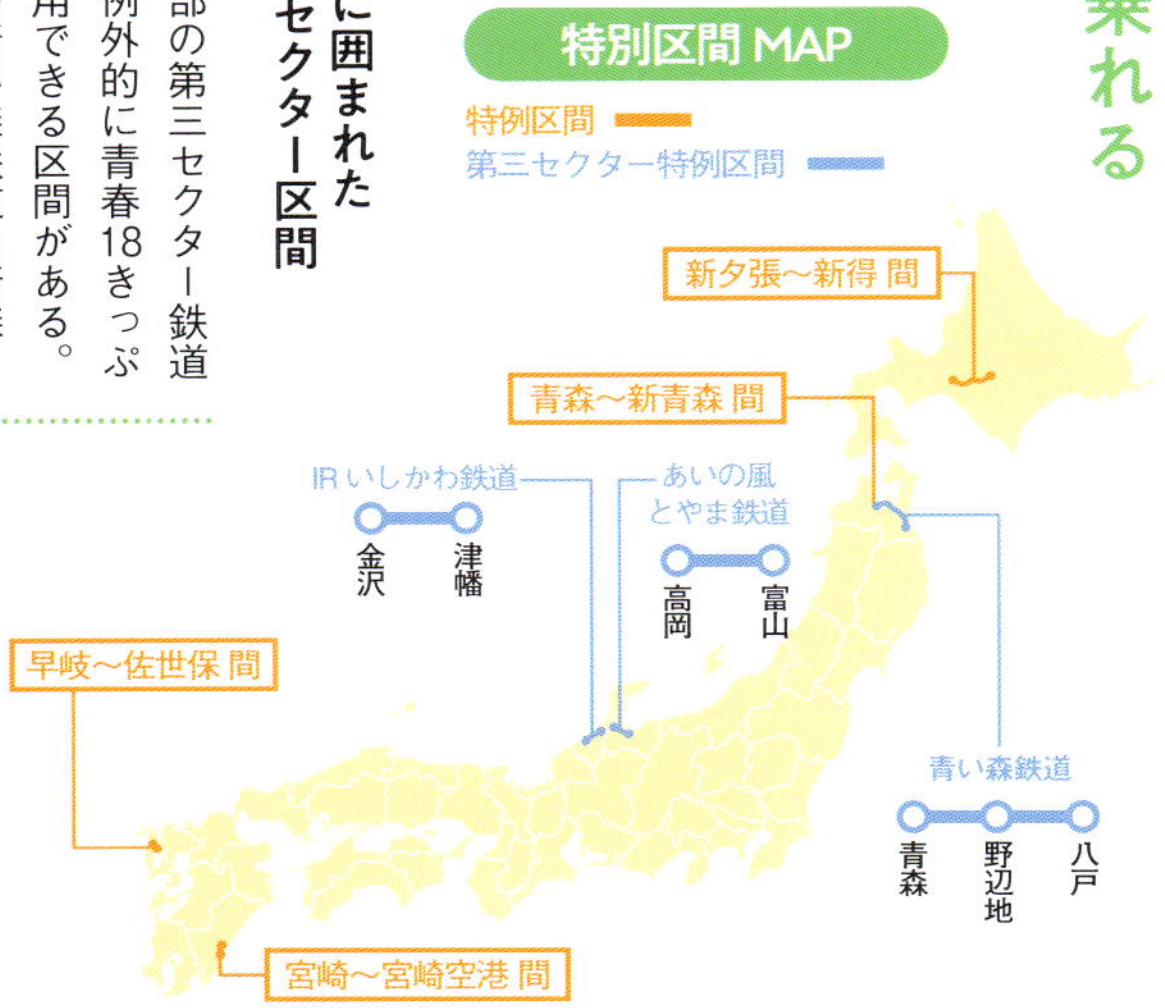

一方で新幹線・特急・急行列車は、特急券・急行券を購入しても乗車はできない（一部特例区間を除く）。乗車するにはその区間の乗車券も必要になるので注意しよう。

注目！

北海道へは特別ルールでGO！

青函トンネルはオプション券を利用

本州と北海道を結ぶ青函トンネルでは、旅客列車は北海道新幹線しか走っていない。このため特例として青春18きっぷオプション券で新幹線に乗車できる。乗車できるのは奥津軽いまべつ〜木古内間と木古内から五稜郭への道南いさりび鉄道。青森から奥津軽いまべつへは、隣接する津軽二股まで在来線の津軽線に乗る。しかし、乗り継げるパターンは数少ないので、新幹線の時間を決めてから、前後のスケジュールを組んでおこう。

片道2490円の特別きっぷ

青春18きっぷで青函トンネルを走る新幹線を利用するためのオプション券を「青春18きっぷ北海道新幹線オプション券」という。北海道新幹線奥津軽いまべつ〜木古内間の普通車で空いている席と、道南いさりび鉄道木古内〜五稜郭間の普通列車に利用でき、片道で、大人・子ども同額の2490円。新幹線のグリーン車・グランクラスへの乗車や、木古内〜五稜郭間で途中下車する場合は、別途全区間の乗車券・特急料金などが必要になる。

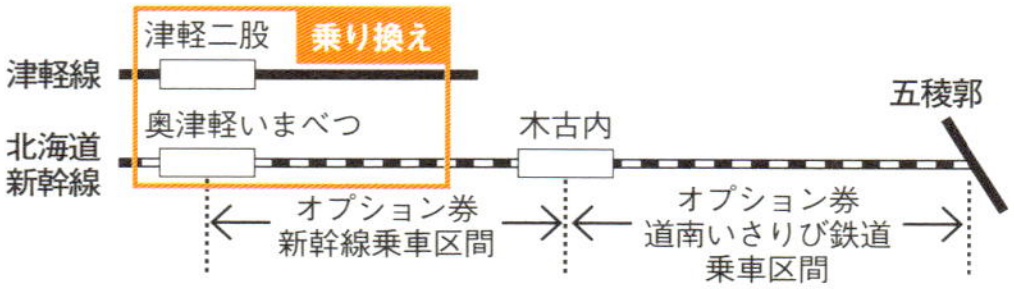

青森⇄五稜郭間の乗り継ぎダイヤ

青春18きっぷと北海道新幹線オプション券で、青森と五稜郭間を行き来できるのは、下りが4パターン、上りが2パターンのみとなっている。

●下り（青森→五稜郭）

1	青森6：16（津軽線蟹田行）→6：58蟹田7：07（津軽線三厩行）→7：29津軽二股…奥津軽いまべつ8：12（北海道新幹線はやて93号）→8：46木古内9：05（道南いさりび鉄道函館行）→10：07五稜郭【所要時間／3時間51分】
2	青森11：01（津軽線蟹田行）→11：38蟹田11：44（津軽線三厩行）→12：06津軽二股…奥津軽いまべつ14：15（北海道新幹線はやぶさ19号）→14：49木古内15：19（道南いさりび鉄道函館行）→16：16五稜郭【所要時間／5時間15分】
3	青森13：23（津軽線三厩行）→14：28津軽二股…奥津軽いまべつ17：01（北海道新幹線はやぶさ25号）→17：35木古内19：00（道南いさりび鉄道函館行）→19：55五稜郭【所要時間／6時間32分】
4	青森15：31（津軽線蟹田行）→16：08蟹田16：45（津軽線三厩行）→17：09津軽二股…奥津軽いまべつ19：01（北海道新幹線はやぶさ33号）→19：35木古内20：44（道南いさりび鉄道函館行）→21：39五稜郭【所要時間／6時間8分】

●上り（五稜郭→青森）

1	五稜郭6：50（道南いさりび鉄道木古内行）→7：54木古内9：48（北海道新幹線はやぶさ18号）→10：22奥津軽いまべつ…津軽二股12：56（津軽線青森行）→13：57青森【所要時間／7時間7分】
2	五稜郭13：35（道南いさりび鉄道木古内行）→14：36木古内15：01（北海道新幹線はやぶさ34号）→15：35奥津軽いまべつ…津軽二股15：54（津軽線蟹田行）→16：08蟹田16：45（津軽線青森行）→17：22青森【所要時間／3時間47分】

注目!

バスやフェリーにも乗れる!

震災後にBRT化された区間

2011(平成23)年の東日本大震災で被災した路線の一部はBRT(バス高速輸送システム)として運行されている。そうした区間でも青春18きっぷは利用可能だ。BRTを実施しているのは、太平洋に面した気仙沼線柳津《やないづ》～気仙沼間、大船渡線気仙沼～盛間、気仙沼～上鹿折《かみししおり》間、陸前《りくぜん》矢作《やはぎ》～陸前高田間。ただし、鉄道とBRTの相互接続は行っていない。どちらかの遅れで接続できない場合もあるので注意しよう。

青春18きっぷで世界遺産の宮島へ!

JRが船舶の経営をしていることを不思議に思う方もいるだろう。これは国鉄時代の鉄道連絡船の名残で、青函連絡船は青函トンネルに、宇高連絡船は瀬戸大橋に転換されたが、唯一、広島県の宮島航路だけ残り、JR西日本に引き継がれている。現在はJR西日本宮島フェリーが経営し、国鉄時代から続いて青春18きっぷでの乗船が認められている。なお、並行する広島電鉄系の宮島松大汽船は、青春18きっぷでは乗船できないので注意。

注目!

プラス数百円で座席指定に快速やライナーを賢く使おう!

指定席のある快速列車にも乗れる

指定席車が連結されている快速列車は、別に指定席券を購入すれば青春18きっぷで乗車できる。指定席券は基本的に530円だが、JR東日本・東海・西日本・四国・会社間を利用する場合、閑散期にあたる9月の月〜木曜日(祝日及びその前日、振替休日を除く)は330円とお得になる。逆に、JR北海道・九州のSL列車とJR東日本の「SL銀河」「海里」「HIGH RAIL1375」は通年で840円と高めになる。

おもな指定席のある快速列車
快速エアポート(札幌〜新千歳空港)
快速はまゆり(盛岡〜釜石)
快速みえ(名古屋〜鳥羽)
快速マリンライナー(岡山〜高松)

指定席券や整理券が必要なライナー

指定席が連結されている列車は、時刻表に椅子をデザインしたアイコンが付けられているので、利用するときはそれを確認しよう。大半が自由席車も連結されているが、中には全車指定席もある。その列車にはアイコンの中に「全」の文字が入っているので、わかりやすい。朝夕に運行されている通勤ライナーは、ライナー券を購入すれば青春18きっぷで利用できる。特急形車両を使用した列車が大半で、料金以上のくつろぎが得られるだろう。

おもな通勤ライナー
ホームライナー(手稲→札幌)
ホームライナー沼津・静岡・浜松(沼津〜浜松)
ホームライナー中津川・瑞浪・多治見(名古屋〜中津川)
ホームライナー大垣(名古屋〜大垣)

注目!
追加料金でグリーン車自由席に乗れる!

首都圏の中核路線に連結

首都圏の東海道本線・東北本線などの幹線とその支線に乗り入れる快速・普通列車にはグリーン車自由席が連結されている。指定席と同様に、グリーン券を購入すれば青春18きっぷで利用できる。

2階建て車もあり、リクライニングシートに座ってゆったりと移動できるのは、料金以上のメリットがある。また、JR九州では間合い運用で特急形車両が普通として走る列車があり、このときは車内でグリーン券が発売される。

青春18きっぷで利用できる普通列車グリーン車の運行エリア

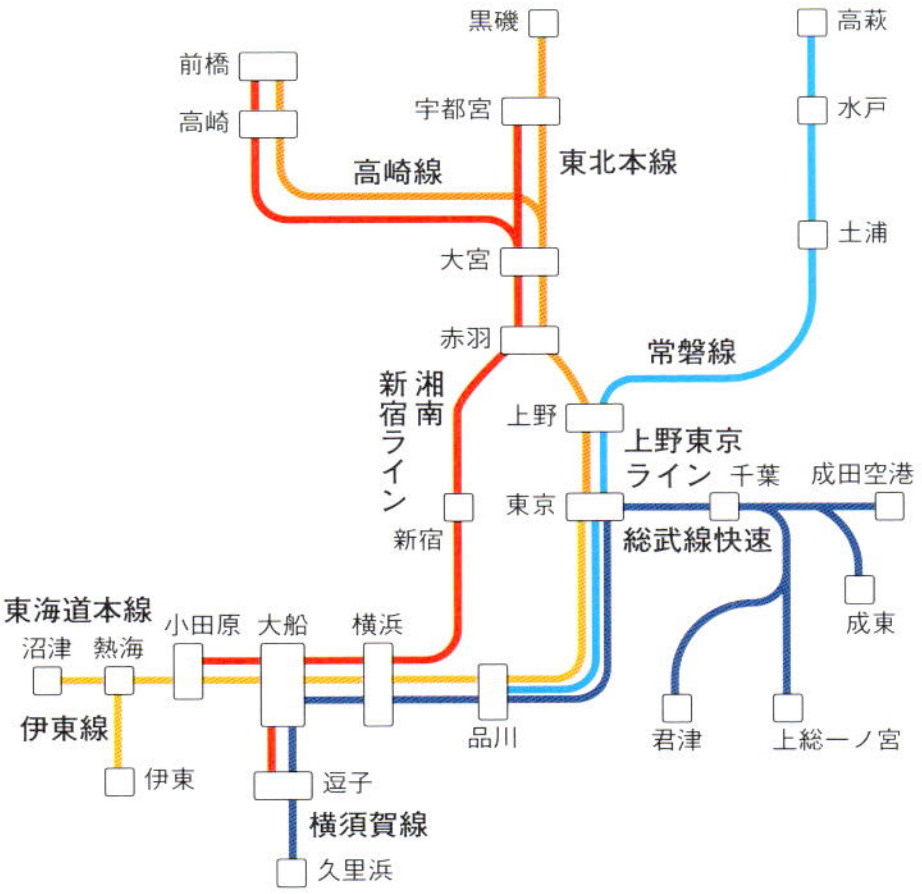

首都圏エリアの普通列車のグリーン料金

	車内料金		事前料金	
営業キロ	平日	土・休日	平日	土・休日
50kmまで	1040円	840円	780円	580円
51km以上	1260円	1060円	1000円	800円

駅などで事前に購入した場合と車内で購入した場合で、料金が異なる。事前購入のほうが安くなるので、駅やホームの券売機などで購入してから乗車しよう

Q9 使いこなすポイントは?

A ローカル線は減便傾向なので事前にしっかり調べよう!

POINT 1 列車の少ない〝難所〟をチェック

上越線水上~越後中里間は1日5往復しかなく、東京から青森方面へのネックになっている。水上9時44分発の次が13時40分発と、約4時間も空く。また、山形新幹線「つばさ」が頻発する奥羽本線では、福島~米沢間を直通する普通が1日6往復で、福島8時04分発の次が12時51分発、その次が16時04分発だ。乗り継ぎの旅のスケジュールは、運行本数が少ない区間から乗車する列車を決めて前後の予定を組むのが、時間を無駄にせずスムーズに進めるコツである。

POINT 2 特急・新幹線のチョイ乗りも有効

地方では、特急列車はバンバン走っていても普通列車の本数が少ないという路線が珍しくない。また、新幹線の開業に伴い、もとはJR線だった区間が第三セクターに転換されて、青春18きっぷが利用できなくなったというケースもある。

こうした〝難所〟は、長時間、普通列車を待つより、最低限の区間だけ特急や新幹線を利用したほうが、のちのスケジュールにも有利になることがある。青春18きっぷの旅をストレスなく楽しむためにも、おサイフの負担が少ないチョイ乗りでショートカットすることも選択肢に入れてスケジュールを組むといいだろう。

特急・新幹線チョイ乗りおすすめ区間

路線	区間	普通列車運行状況	特急・新幹線名	追加金額
石北本線	上川～遠軽	上り2本、下り2本	オホーツク・大雪	3040円
函館本線	滝川→深川	7:58発の次が12:10発	ライラック・カムイ	860円
田沢湖線	盛岡→田沢湖	5:20発の次が14:22発	秋田新幹線こまち	1530円
奥羽本線	福島→米沢	8:04発の次が12:51発	山形新幹線つばさ	1530円
高山本線	下呂→高山	9:00発の次が13:57発	(ワイドビュー)ひだ	1650円
日豊本線	佐伯～延岡	上り2本、下り1本	にちりん・にちりんシーガイア	1970円

※運行状況は一例です。全体的に運行本数が少ないので事前にご確認ください。

POINT 3
景色がいいのは右側？左側？

地方には美しい海岸に沿う路線や、緑豊かな渓谷が続く川沿いの路線など、思わず息をのむ絶景と出会えるところが多い。ゆっくり進みながら、美しい車窓を堪能できるのは、普通列車の旅の醍醐味のひとつ。普通列車のほとんどは座席が指定されておらず、席の移動は自由だ。そうした絶景を逃さないよう、地図アプリなどでどちら側に見どころがあるのか、あらかじめ調べておくと、目前に迫ってからあわてなくてすむ。

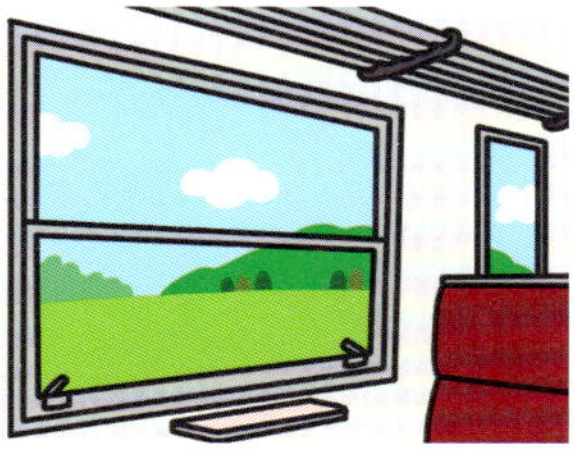

POINT 4
LCCや夜行バス、フェリーを活用

近年は格安航空会社（LCC）の躍進が著しく、国内でもネットワークが広がってきた。前項で特急や新幹線でショートカットする利便性を紹介したが、LCCや夜行バス・フェリーを活用して、現地から青春18きっぷを使い始める方法もある。LCC・夜行バス・フェリーから降りた先がJR駅の近くなら、よりスムーズな旅を始めることができる。

また、夜行バスやフェリーを宿代わりに使い、早朝から青春18きっぷの旅を始めれば、宿代の節約になるだけでなく1日を有効に使える。

おもな夜行便のフェリー

航路・時刻	運賃（2等）	運航会社	備考
●本州〜北海道間			
室蘭20:30→八戸3:30	5200円	川崎近海汽船（シルバーフェリー）	八戸→室蘭は昼行便
八戸22:00→苫小牧6:00（シルバーエイト） 苫小牧21:15→八戸4:45（シルバープリンセス） 苫小牧23:59→八戸7:30（シルバーティアラ）	5600円	川崎近海汽船（シルバーフェリー）	
仙台19:40→苫小牧11:00 苫小牧19:00→仙台10:00	9000〜10700円	太平洋フェリー	食事付きの「片道フルパック」などのプランあり
苫小牧東19:30→秋田7:35	5100〜7690円	新日本海フェリー	日曜発は運休。秋田→苫小牧東は昼行便
青森23:30→函館3:20 函館23:30→青森3:20	2200円	青函フェリー	10〜5月は1800円
新潟12:00→小樽4:30 小樽17:00→新潟9:15	7200〜11100円	新日本海フェリー	新潟発は月曜日、小樽発は日曜日が運休
●本州〜四国間			
大阪南22:00→東予6:00 東予22:00→大阪南6:00	7200〜8200円	オレンジフェリー	船内に大浴場がある
神戸1:00→高松5:15 高松1:00→神戸5:15	2490〜2990円	ジャンボフェリー	神戸港〜三ノ宮駅、高松港〜高松駅間の送迎バスがある
●四国〜九州間			
松山観光21:55→小倉5:00 小倉21:55→松山観光5:00	6100〜6600円	松山・小倉フェリー	フェリー到着後7:00まで船内休憩可能
八幡浜0:20→別府3:10 別府23:50→八幡浜2:35	3150円	宇和島運輸フェリー	フェリー到着後5:30まで船内休憩可能
八幡浜2:50→臼杵5:15	2350円	オレンジフェリー	フェリー到着後7:00まで船内休憩可能

※料金・時刻は2021年4月現在のものです。

注目! 肥薩おれんじ鉄道のフリーきっぷが割引

鹿児島本線八代《やつしろ》～川内《せんだい》間を転換した第三セクターの肥薩おれんじ鉄道では、青春18きっぷの利用はできないが、当日有効の青春18きっぷを提示すると、全区間が1日乗り降り自由となる「おれんじ18フリーきっぷ」(2100円、子どもも同額)が購入できる。八代～川内間はほぼ1時間に1往復設定され、東シナ海を眺めることもできる。ただし、このきっぷで観光列車「おれんじ食堂」には乗車できないので注意。

注目! JRホテルグループが割引

青春18きっぷの利用日にチェックインすると、JRホテルグループのホテル宿泊料の割引サービス(一部に割引対象とならないホテルもあり)が受けられる。

JR各社は、子会社を設立して主要都市の駅に直結したホテルを中心に、各所でホテルを経営。それぞれ北海道に3店、東北に9店、関東に36店、甲信越に3店、東海に4店、関西に7店、中国に2店、四国に4店、九州に6店を展開している。ただし、ウェブ予約のほうがお得な場合もあるので、確認した上で利用しよう。

Q10 そもそも1回2410円って安いの?

A 片道141km以上、往復なら71km以上移動すれば元がとれる!

青春18きっぷの1日(1回)あたりの金額は2410円なので、運賃が2410円以上になる距離を移動すれば元がとれる。営業キロに換算すると141km以上に相当し、東京を起点にすると東海道本線の吉原、東北本線の矢板、内房線の千歳までに相当する。

往復する場合は、片道が1205円以上、距離で71km以上に相当し、東海道本線の二宮、東北本線の間々《まま》田《だ》、高崎線の籠原などにあたる。

名古屋発では、片道が東海道本線の菊川と山科、紀勢本線伊勢柏崎、中央本線宮ノ越など。往復だと東海道本線豊橋・醒ケ井《さめがい》、紀勢本線一身《いしん》田《でん》、中央本線美乃坂本など。

大阪発では、片道が東海道本線大垣、山陽本線吉永、山陰本線梁瀬《やなせ》、紀勢本線印南《いなみ》など。往復の場合は、東海道本線野洲《やす》、山陽本線加古川、山陰本線八木まで行けば元がとれる。

これらは途中下車せずに乗り通した場合の距離を示したもの。普通の乗車券の場合、途中下車すれば乗車券を買い直す計算になるから、元がとれる乗車距離はもっと短くなる。青春18きっぷで途中下車の旅を楽しんでみよう。

東京発往復でも元が取れる区間の絶景、東海道本線根府川～真鶴間から見渡す相模灘

東京発

日光
矢板
下野大沢
常陸大子
宇都宮
滝
谷河原
静
大甕
小山
籠原
間々田
水戸
神立
大宮
東京
我孫子
鹿島サッカースタジアム(臨)
久住
成田
空港第2ビル
千葉
日向
銚子
横浜
求名
巌根
新茂原
久留里
安房鴨川
江見
館山
千歳
往復で元が取れる区間
境界駅　境界駅
片道で元が取れる区間
境界駅
その他の主要駅

片道2410円以上になる主な境界駅	
東海道本線	吉原駅（静岡県富士市）
中央本線	塩崎駅（山梨県甲斐市）
上越線	岩本駅（群馬県沼田市）
東北本線	矢板駅（栃木県矢板市）
常磐線	大甕駅（茨城県日立市）

往復2410円以上になる主な境界駅	
東海道本線	二宮駅（神奈川県二宮町）
中央本線	四方津駅（山梨県上野原市）
高崎線	籠原駅（埼玉県熊谷市）
東北本線	間々田駅（栃木県小山市）
常磐線	神立駅（茨城県土浦市）
総武本線	日向駅（千葉県山武市）

名古屋発

片道2410円以上になる主な境界駅	
東海道線本線（上り）	菊川駅（静岡県菊川市）
東海道線本線（下り）	山科駅（京都府京都市）
北陸本線	南今庄駅（福井県南越前町）
関西本線	大和小泉駅（奈良県大和郡山市）
紀勢本線	伊勢柏崎駅（三重県大紀町）
飯田線	中部天竜駅（静岡県浜松市）
中央本線	宮ノ越駅（長野県木曽町）
高山本線	飛騨宮田駅（岐阜県下呂市）

往復2410円以上になる主な境界駅	
東海道線本線（上り）	豊橋駅（愛知県豊橋市）
東海道線本線（下り）	醒ヶ井駅（滋賀県米原市）
関西本線	加太駅（三重県亀山市）
紀勢本線	一身田駅（三重県津市）
中央本線	美乃坂本駅（岐阜県中津川市）
高山本線	上麻生駅（岐阜県七宗町）

南今庄
美浜
敦賀
綾部
小浜
安曇川
米原
京都
山科
大阪
大住
城陽
亀山
加太
大和小泉
奈良
櫟本
関西空港
橋本
伊勢奥津
伊勢柏崎
熊野市
往復で元が取れる区間
境界駅 境界駅
片道で元が取れる区間
境界駅
その他の主要駅

大阪発

片道2410円以上になる主な境界駅	
東海道本線	大垣駅（岐阜県大垣市）
山陽本線	吉永駅（岡山県備前市）
関西本線	富田浜駅（三重県四日市市）
北陸本線	南今庄駅（福井県南越前町）
山陰本線	梁瀬駅（兵庫県朝来市）

往復2410円以上になる主な境界駅	
東海道本線	野洲駅（滋賀県野洲市）
山陽本線	加古川駅（兵庫県加古川市）
関西本線	月ヶ瀬口駅（京都府南山城村）
和歌山線	五条駅（奈良県五條市）
阪和線	紀伊中ノ島駅（和歌山県和歌山市）
山陰本線	八木駅（京都府南丹市）

鳥取
城崎温泉
津山
梁瀬
福知山
西舞
綾部
新井
上月
吉永
下滝
岡山
姫路
備前片上
加古川
宇野
大阪
神戸
高松
関西空港
紀伊中ノ島
五
和歌山
橋
印南
往復で元が取れる区間
境界駅 境界駅
片道で元が取れる区間
境界駅
その他の主要駅

旅先ではアプリの18きっぷ時刻表検索が便利！

18きっぱーの必需品『時刻表』。時刻表を基に旅の日程を組むのは楽しみのひとつだが、旅先では荷物軽減策としてスマホを活用してみるのはいかがだろうか。

「デジタルJR時刻表Lite」は、『JR時刻表』を発行する交通新聞社のアプリ。iOS、Androidどちらにも対応しており、利用料金は税込み7日間120円、1カ月360円(自動継続)。また、乗り換え検索サイトで利用者の多い「ジョルダン」も、PCサイトやモバイルサイト「乗換案内NEXT」で「青春18きっぷ検索」ができる(モバイルサイトは有料)。

どちらも所要時間や乗り換え時間などが表記されているので、まずは希望の日程でどのようなプランが立てられるのかを調べるために利用してみよう。

アプリ

デジタルJR時刻表Lite

「JR時刻表」を発刊している交通新聞社の時刻表アプリ。18きっぷ検索の機能では、私鉄や第三セクターを除いたルートが検索できる。サービス概要は交通新聞社のHPで確認を

アプリ＆ホームページ

ジョルダン

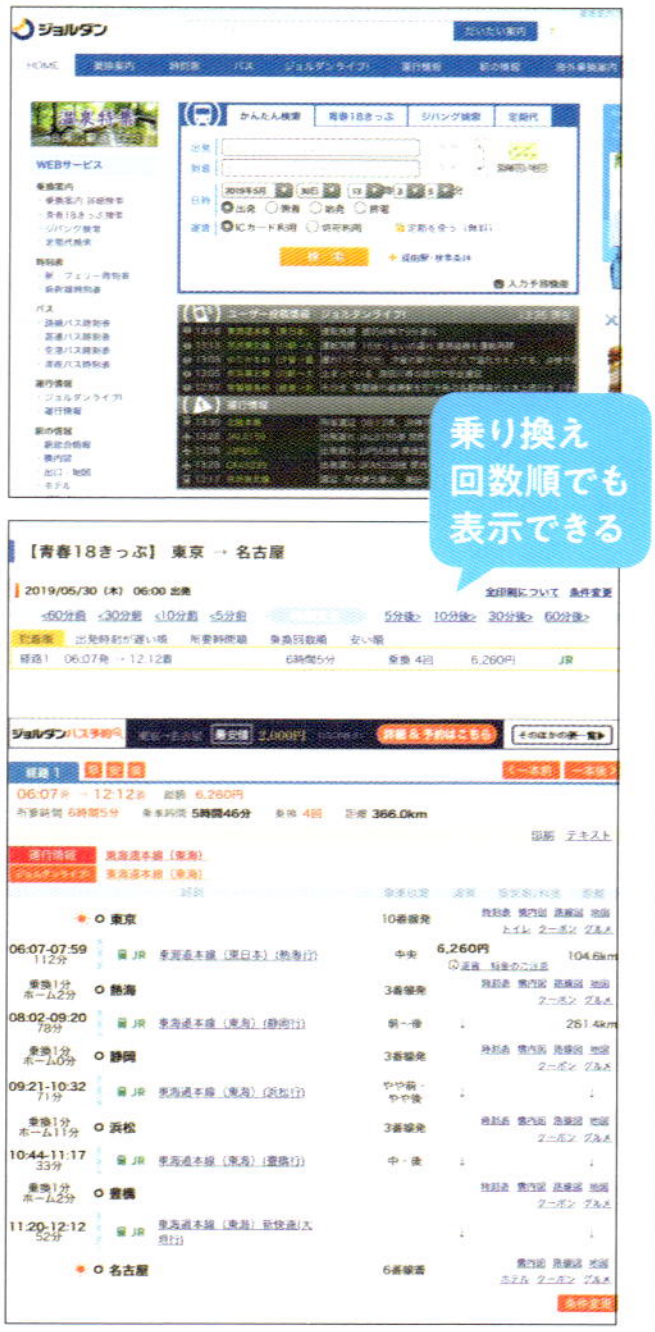

乗り換え案内ジョルダンには、PCサイトとモバイルサイトに「青春18きっぷ検索」がある。どちらもトップページで運行情報やユーザー投稿情報が確認できる

東京　名古屋　大阪　発

青春18きっぷで

ロングラン

普通列車と快速列車が丸一日乗り放題の青春18きっぷは、
乗れば乗るほどおトクになる。
乗り継ぎを駆使して早朝からなるべく長く
“ロングラン乗車”を楽しむ、旅のポイントをご紹介!

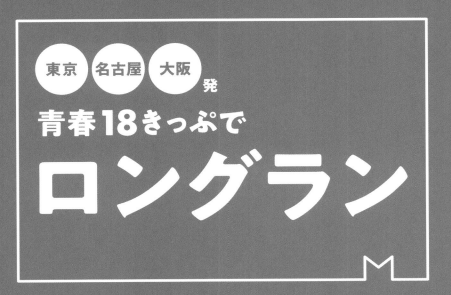

2410円でどこまで行ける?

1日乗り放題の青春18きっぷを利用すると、いったいどこまで行けるだろうか?
日付が変わるまでにどこまで到達できるか、時間帯別に検証してみた。

始発

※京浜東北線4:41発（横浜方面）、
4:45発（大宮方面）

6時台発

※東海道本線6:05発（下り）、
上野東京ライン6:41発（下り）など

東京発

4時台に出発すれば、
小倉・青森まで行ける!

7時台発

※東海道本線7:01発(下り)、
上野東京ライン7:07発(下り)など

8時台発

※東海道本線8:18発(下り)、
上野東京ライン8:03発(下り)など

名古屋発

始発なら四国・九州の
主要都市まで移動可能

始発

※東海道本線5:37発（下り）、
5:29発（上り）

6時台発

※東海道本線6:10発（下り）、
6:00発（上り）など

7時台発

※東海道本線7:16発(下り)、
7:18発(上り)など

8時台発

※東海道本線8:31発(下り)、
8:05発(上り)など

大阪発

仙台まで行くなら6時台に
スタートしよう

始発

※東海道本線5:00発
（下り・上りとも）

6時台発

※東海道本線6:51発（下り）、
6:33発（上り）など

7時台発

※東海道本線7:56発（下り）、
7:03発（上り）など

8時台発

※東海道本線8:00（土休日）発（下り）、
8:22発（上り）など

始発でロングラン

急ぎ足で乗り継いだり、空き時間を有効活用したり——。早朝から深夜までフルに乗り尽くす、青春18きっぷならではの旅のポイントを紹介しよう。

文／蜂谷あす美

18きっぷは乗れば乗るほどお得!

Long Run
東京
青森

日本海の荒波を見ながら北上 17時間30分で約790kmを走破

高崎〜水上間では進行方向左手に座って利根川の豪快な流れを堪能する

上越国境を越え日本海を目指す

東京から青森を目指すうえでは東北本線をひたすら北上するルートも考えられるが、現在は盛岡以北が第三セクター化されているため、18きっぷの使えるＪＲだけでお得に旅をすべく、そして車窓を満

東京 4:45発
京浜東北線 大宮行
上野 4:53着 5:13発

喫すべく、日本海沿いを攻めるルートを選ぶ。

　早朝4時45分に東京を出るのは、正直なところとても眠い。体力温存のために上野〜高崎間はグリーン車を選び、半分うつらうつらしながら過ごすのが吉。高崎駅では、朝食となる「だるま弁当」や「鶏めし弁当」を入手してから水上《みなかみ》行きに乗り換える。車両はロングシートなので、食事を取る際は、周りの人への配慮を。

　利根川の豪快な流れにはどうしても見とれざるを得ないのだけれど、気をつけておきたいのは、水上駅。水上以北へ向かう列車は本数が少なく、また車両編成も短くなるため、次の長岡行きが混雑する。水上駅到着時に先頭車両にいれば、乗り換えの階段が近くて便利だ。

高崎線
高崎行

6:55着
高崎
7:11発

駅弁が充実。「だるま弁当」や「鶏めし弁当」が人気。

上越線
水上行

8:17着
水上
8:28発

上越線
長岡行

水上を発車後、列車は上越国境を越え、日本海を目指していく。長岡を経て、新潟で村上行きに乗り換えると、あたりには田園風景が広がり始め、爽やかな気分に浸れる。

続く村上は鮭《さけ》、そして村上藩の城下町風情が残る町並みで知られている。次の列車まで少し時間があるので、駅で自転車を借りて、ちょっと観光に出かけてみるのも楽しい。

村上駅ではレトロ調駅舎と地元の瀬波温泉を象徴するやぐらがお出迎え

長岡 10:18着 10:29発
← 信越本線 快速新潟行

新潟 11:29着 11:42発
← 白新線・羽越本線 村上行

乗り継ぎ時間13分。
昼食を調達できる。

村上 12:57着 13:48発
← 羽越本線 酒田行

乗り継ぎ時間51分。
昼食か近場の観光。

秋田での夕食は、焼き鳥や親子丼などで比内地鶏を堪能したい

村上を発車後、列車はすぐに日本海沿いを走り始める。桑川付近は国の名勝「笹川流れ」として知られ、この旅一番のビュースポット

ルートMAP

村上から酒田までは、日本海絶景コース。座席は海側である進行方向左手を押さえておきたい。途中の桑川あたりは透明度の高い海と日本海の荒波の浸食作用でできた奇岩が作り上げる絶景「笹川流れ」として知られている。海の車窓は短いトンネルを挟みつつ断続的に続くため、心行くまで堪能できる。

夕食は秋田の駅ビルや駅前商店街で。お腹を満たせば、ラストスパート！　3時間で終点青森だ。

Plan data
プランデータ

難易度	★★★★☆
乗車距離	792.7キロ
普通運賃換算	11,000円

青春18きっぷを1回分で
8,590円お得!

酒田 16:15着　16:30発
← 羽越本線 秋田行
秋田 18:19着　19:23発
乗り継ぎ時間64分。夕食のチャンス。
← 奥羽本線 快速青森行
青森 22:18着

Long Run

東京

小倉

ロングランの王道コース 西に向かって約1130km

東海道本線小田原〜熱海間のうち、根府川近辺では太平洋が眼前に広がる。早朝の時間帯ながらもこの絶景ポイントは眠らずに押さえておきたい（早川〜根府川間）

休息タイムはほとんどなし！ 食事確保が成功の肝

東京から東海道本線、山陽本線を乗り継いで西を目指すルートは、ロングランの王道ともいえるコースだ。列車の接続がよいため、青春18きっぷ1回分で九州の小倉まで移動することができ、通常の乗車券で移動するよりも1万円以上お得になる。

ただ、テンポよく移動できるということは、駅での乗継時間が短く、売店などに立ち寄る暇がないということも意味している。兵糧が尽きるの

東京 4:41発
← 京浜東北線 大船行
4:53着 品川 5:10発
← 東海道本線 小田原行
6:21着 小田原 6:22発
← 東海道本線 熱海行
6:45着 熱海 6:49発

乗り継ぎ1分。
乗り遅れないよう注意！

東海道本線で三島を過ぎた頃から富士山が見えてくる。富士〜富士川間にかかる富士川橋梁からは富士川とのコラボが楽しめる

を避けるべく、食事や飲料などは余分に確保しておこう。なお、各列車には基本的にお手洗いがついているので安心してほしい。

　東海道本線の三島〜静岡間では進行方向右手に富士山が見えてくる。さらに浜松の先では浜名湖も見られ、水の景色が楽しめる。山陽本線区間に突入すると今度は進行方向左手に瀬戸内海が見える。ハードな行程ながらも景色は変化に富んでおり、加えてJR東海、JR西日本エリアではクロスシートの車両が多いため、旅気分を味わうことができる。

東海道本線 浜松行
9:18着 **浜松** 9:23発
東海道本線 豊橋行
9:57着 **豊橋** 10:02発
東海道本線 快速大垣行
11:32着 **大垣** 11:42発
東海道本線 米原行

浜名湖の景色を楽しむために、窓際の席をゲットしたい。

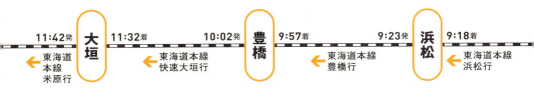

姫路駅は姫路城のビュースポット！乗換時間が16分あるので、駅から観光気分を味わおう

食料確保ポイントとして押さえておきたいのは、16分の乗換時間が設けられた姫路駅。有名な「あなごめし」「但馬《たじま》牛牛めし弁当」などの駅弁を購入するもよし、食事のスピードに自信がある人なら、姫路駅名物「まねきのえきそば」にチャレンジするもよし！できればここで夕食も忘れず購入しよう。

Plan data
プランデータ

難易度	★★★★☆
乗車距離	1129.4キロ
普通運賃換算	13,460円

青春18きっぷを1回分で
11,050円お得!

ルートMAP

米原 12:17着 12:20発
東海道本線・山陽本線
新快速姫路行

姫路 14:47着 15:03発
山陽本線
播州赤穂行

相生 15:23着 15:25発
山陽本線
糸崎行

「あなごめし」などの駅弁購入のチャンス。
えきそばも食べられるか!?

山陽本線は、岡山県内では内陸部を走る区間が多い。
庭瀬〜中庄間で田園地帯を走る

小倉 0:05着 ← 山陽本線 小倉行 23:51発 **下関** 23:50着 ← 山陽本線 下関行 21:59発 **徳山** 21:58着 ← 山陽本線 徳山行 18:29発 **糸崎** 18:05着

乗り継ぎ1分。
乗り遅れに注意!

Long Run
名古屋
熊本

山陽本線を日中に楽しめる熊本駅を目指して949km

古事記や日本書紀にもその名が登場する滋賀県の最高峰、伊吹山。東海道本線近江長岡～醒ケ井間では、どっしりとした山容が車窓に映る

煮アナゴと焼アナゴが盛り付けられた福山の駅弁「あなごあいのせ重」は瀬戸内の郷土料理「あなごめし」が楽しめる

岡山での乗り継ぎ30分で昼食とおやつも確保

名古屋発のロングランは、5時37分に出発し、東海道本線から山陽本線、最後は鹿児島本線と乗り継ぎ、23時30分に熊本に到着するルートだ。「日付を越えて最初に停まる駅まで」乗れる青春18きっぷなら、熊本の3つ先の富合（0時02分着）まで乗車できるが、宿泊のことも考えて熊本を最終目的地にしたい。

日中の時間帯に乗車する山陽本線では、瀬戸内海の景色が楽しめるので、進行方向左手の座席を確保しよう。

名古屋 5:37発 ← 東海道本線 大垣行

6:16着 大垣 6:20発 ← 東海道本線 米原行

6:55着 米原 6:59発 ← 東海道本線・山陽本線 新快速姫路行

9:42着 姫路 10:09発

6:10発でも姫路で追いつける。

乗り継ぎ時間27分。腹ごしらえのチャンス！

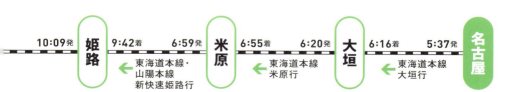

東海道本線は瀬田〜石山間で瀬田川を越えていく。すぐ上流には琵琶湖があり、車窓に広がる湖の大パノラマに思わず見とれる

道中、乗換時間はわずかではあるものの、そのなかにあって(18きっぷ旅にしては)少し長めの滞在時間がいくつか設けられている。姫路では「まねきのえきそば」を食べ、ついでにホームから正面に控える姫路城をじっくり眺めても時間的にはおつりがくる。岡山でも乗り換え時間が30分あり、絶好の昼食チャンス。駅構内の店舗で買える、岡山名産の桃など、フルーツをふんだんに使ったデザートを買うのもおススメ。

山陽本線 播州赤穂行

10:28着 **相生** 10:29発

乗り継ぎ時間1分。乗り遅れ注意!

山陽本線 岡山行

11:38着 **岡山** 12:08発

乗り継ぎ時間30分。買い出しのチャンス。

山陽本線 福山行

13:05着 **福山** 13:12発

駅弁チャンス7分。売店は階段を降りて改札手前にあり。

山陽本線 三原行

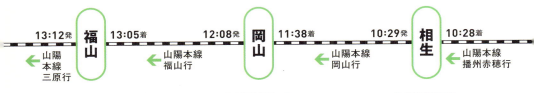

山陽本線須磨〜塩屋間から播磨灘を望む。山陽本線のなかでも、特に海岸沿いを走る区間で淡路島や明石海峡大橋なども見える

九州上陸後は忙しい乗り継ぎとなるが、最後の鳥栖では8分の乗り換え時間がある。あまりゆっくりしている時間はないが、せっかくなら1903（明治36）年に建てられ、100年以上の歴史をもつ駅舎を眺めるのもいいだろう。

鹿児島本線と長崎本線が接続するターミナルの鳥栖駅は、さまざまな列車が発着する

Plan data
プランデータ

難易度	★★★★☆
乗車距離	949.0キロ
普通運賃換算	12,540円

青春18きっぷを1回分で

10,130円お得!

糸崎 13:42着 13:53発

← 山陽本線 岩国行

岩国 16:04着 16:05発

← 山陽本線 下関行

下関 19:25着 19:26発

← 山陽本線・鹿児島本線 小倉行

熊本 23:30着

21:50発 鳥栖 21:42着

← 鹿児島本線
熊本行

21:08発 博多 21:05着

← 鹿児島本線
区間快速
鳥栖行

19:46発 小倉 19:40着

← 鹿児島本線
区間快速
博多行

乗り継ぎ時間
8分。

Long Run

大阪

仙台

2020年に全線運転再開した常磐線に乗り通す約924km

東海道本線の弁天島～新居町間では浜名湖を渡っていく。他ではなかなかお目にかからない水面すれすれの車窓はインパクトがある

東海道線、常磐線の全線完乗が達成可能

2020（令和2）年3月、11（平成23）年の東日本大震災以来9年ぶりに常磐線が全線で運転を再開した。東北を北上していくルートとしては一般的に東北本線経由が考えられるけれど、全線再開したばかりの常磐線を楽しみたい！今回は大阪から仙台へ向かうロングランの旅を常磐線経由でたどってみよう。

早朝に大阪を出発したあと、まず押さえておきたいのは米原駅での朝食入手。改札横の売店が7時ちょうどに開店す

大阪 5:00発

← 東海道本線 京都行

京都 5:46着 5:48発

← 東海道本線 米原行

米原 6:56着 7:07発

6:33発でも仙台にたどり着ける。

乗り継ぎ時間11分。朝食を調達するチャンス。

るので、すかさず購入しておこう。その後は東海道本線に揺られて東へ向かう。静岡では乗継時間が32分あるのがうれしい。ホーム上の「富士見そば」は、チーズそばや担々《たんたん》麺《めん》など素朴な外観からは想像もつかないような攻めたメニューが多いので、ぜひともチャレンジしてほしい。

静岡駅は、ホーム上の立ち食いそば店など、駅構内に飲食店が充実している。おすすめは駿河湾の桜エビをはじめとした海鮮類

9:25着 **豊橋** 9:32発

← 東海道本線 新快速 豊橋行

10:06着 **浜松** 10:08発

← 東海道本線 浜松行

11:21着 **静岡** 11:53発

← 東海道本線 興津行

← 東海道本線 熱海行

乗り継ぎ時間32分。
早めの昼食がおススメ。

東京都内に突入したのち、上野からいよいよ常磐線が始まる。早朝出発でそろそろ眠くなるところだが、最後まで起きて過ごしたい。常磐線では水戸駅、いわき駅でそれぞれ15分ずつの乗換時間があるため、どちらでも食事を調達することが可能。駅弁をねらうなら、時間の早い水戸駅のほうが安心だ。

東京から千葉、茨城、福島の太平洋沿いを経て宮城へと至る常磐線。2020年春、富岡～浪江間が9年ぶりに復旧した

ロングランのゴール仙台といえば駅西口のペデストリアンデッキが有名。その規模は日本最大級とされている

Plan data
プランデータ

難易度	★★★★☆
乗車距離	923.5キロ
普通運賃換算	12,210円

青春18きっぷを1回分で
9,800円お得!

ルートMAP

熱海 13:07着 / 13:10発
← 東海道本線・上野東京ライン 小金井行

上野 14:54着 / 15:12発
← 常磐線 勝田行

そのまま小金井行でもいいが、全通したばかりの常磐線へ。

水戸 17:20着 / 17:35発
← 常磐線 いわき行

乗り継ぎ時間15分。夕食用の駅弁をゲット!

東海道本線の由比～興津間は、海側に富士山が見える「左富士」として
有名。駿河湾に突き出るようにして走る東名高速道路も圧巻だ

仙台 22:08着 ← 常磐線 仙台行 20:46発 原ノ町 20:42着 ← 常磐線 原ノ町行 19:25発 いわき 19:10着

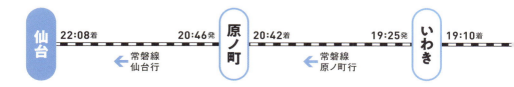

共有マップで乗り換え時間を有効活用

18きっぷで旅をしていると遠くに行くことを優先するあまり、どうしても強行スケジュールになりがち。電車のトイレはなるべく避けたい、駅前の銭湯で疲れをとりたい、今のうちに一服しておきたい……、なんてこともある。どれもインターネットで調べることは可能だが、アプリがあれば時間をかけずに調べられるので大切なスマホの電池の消耗を抑えることができる。

ファービヨンドが提供するトイレ、入浴場所、喫煙所の共有マップアプリは、地図上にそれぞれのスポットが表記されるほか、目的地までナビが案内してくれるうれしい機能も。絞り込み検索もあり、条件を組み合わせた検索もできる。アプリだけでなくウェブ版もあるのでPCで事前にプランを立てたい時にも便利だ。

アプリ

銭湯・温泉・日帰り温泉共有マップくん

絞り込み機能で貸し切りや健康ランドのみの表示も可能

アプリ

喫煙所 情報共有MAPくん

肩身が狭くなった喫煙者にはありがたい

ファービヨンドが手がける便利な3つのアプリ。いずれも「ユーザー同士で情報共有する」ことがコンセプトで、MAP上のピンをタップするとユーザーが投稿した詳細が表示される

アプリ

トイレ情報共有マップくん

ウォシュレット、多機能トイレなどの情報も

青春18きっぷの旅に欠かせない

大動脈攻略術

青春18きっぷの旅は、普通列車をこまめに乗り換える旅でもある。
特に都市同士を結ぶ“大動脈”は利用する機会が増える。
そこで東海道本線・山陽本線・中央本線・東北本線・高崎線・上越線での
乗り換えのコツや列車情報、おすすめの寄り道スポットなどをご紹介する。

文／平賀尉哲

東海道本線

◀◀ 下り

熱海

境界駅・熱海での乗り換えは余裕をもって

JR東日本とJR東海の境界駅である熱海を境に、多くの列車は系統が分離される。乗り継ぎにはホームの移動が必要になり、乗り換えの地下通路はホーム中央に1カ所しかないので混雑が予想される。また、東京方面は10～15両編成に対し、静岡方面は3～6両編成の列車と少なくなるため、余裕をもった旅行計画を立てよう。

上り ▶▶

沼津

18～20時台に1本ずつ東京方面の直通列車あり

午前中に大阪・名古屋方面から東海道本線を東へ進むと、東京近郊に近づくころは夕方から夜に差しかかる。東京圏の東海道本線列車は熱海で系統が分離されるが、沼津発東京方面行きの上り列車が18～20時台に1本ずつ設定されている。これに乗車すれば熱海での乗り換えが不要で、ゆったりと東京までたどり着ける。

上り ▶▶

島田

島田駅発の列車に乗り換えると着席しやすい

浜松～熱海間ではロングシートの車両が3～6両編成で運用され、東京圏や名古屋圏に比べて座席数は少ない。地元客も多く、青春18きっぷのシーズンは輪をかけて混雑する。確実に着席するならば島田始発熱海行きに乗り換えることをおすすめする。熱海までたどり着けば、以東は10・15両編成の列車が待っている。

◀◀ 下り

東京

東京始発の下り列車は6時15分発までに

上野東京ラインの開業以来、東京駅からの乗車で着席できる機会は大きく減ってしまった。東京駅から東海道本線で西へできるだけ遠くまで行きたい場合は、5時20分～6時15分に発車する東京始発の4本の列車を選べば、ゆったり着席して移動できる。このうち、2本は沼津行きだ。

御殿場線

国府津－**沼津**

御殿場線に寄り道して山岳鉄道気分を味わう

箱根の北側を回る御殿場線は勾配がきつく、車窓は緑が濃い区間が多い。静岡県の東海道本線とは異なり、セミクロスシート車の313系が主に運用される。御殿場線国府津～沼津間の所要時間は約1時間40分と、東海道本線の倍かかるが、間近の富士山や山岳鉄道の趣を味わうにはうってつけだ。

沼津 － 熱海 － 国府津 － 東京

東海道本線は比較的本数が多く、大垣～米原間を除いて乗り継ぎは短時間で行える。
連結両数が少なく座席数が減る区間もあるので、乗り換えに便利な乗車位置を確認しておこう。

富士山を間近に望む身延線

御厨

東海道本線で最も新しい駅

2020年3月14日ダイヤ改正とともに、磐田～袋井間に新駅「御厨《みくりや》」が開業した。サッカーJリーグやラグビートップリーグの試合が行われるヤマハスタジアムの最寄り駅で、試合開催日の混雑を考慮して、ホームは広めにつくられている。東海道本線では19年ぶりの新駅。最新の駅に降り立ってみよう。

富士

富士は東京寄りにエスカレーターがある

富士は静岡方面から山梨県への短絡ルートである身延線の接続駅。東海道本線の3 ～6番線と身延線の1・2番線はホームが離れており、身延線ホームは最も北側にある。橋上の乗り換え通路は1本で、エスカレーターは東京よりについているが、静岡側は階段だけなので覚えておくと便利。

御厨　静岡　島田　富士

豊橋 ― 米原

土休日の夕方以降は直通の新快速・特別快速が便利

豊橋～米原間は大垣で乗り換えるケースが多いが、直通列車も設定されている。なかでも土休日の夕方以降は新快速・特別快速が直通列車になっている。これは平日に大垣で2本の列車としているものを、土休日は1本の列車としたもの。乗り換えの手間が省けるため、積極的に利用したい。

特別快速の豊橋行

◀◀ 下り

豊橋 ― 大垣

豊橋～大垣間の新快速・快速は日中1時間に各2本

豊橋から名古屋圏に入ると、列車本数は格段に増える。日中は豊橋基準で快速・新快速・普通の順で発車し、1時間あたりそれぞれ2本ずつ設定されている。豊橋～大垣間の所要時間は新快速が1時間27分、快速が1時間30分。普通は途中駅で新快速、快速に追い抜かれるが、快速は大垣まで先行する。

沼津 ― 浜松

ホームライナーを利用して快適移動

静岡県内の東海道本線の列車はロングシート車両ばかりだが、平日の朝夕通勤時間帯には特急形373系電車が「ホームライナー」として運行されている。最長は沼津～浜松間130.9kmの1時間40分。330円の乗車整理券が必要だが、快適なリクライニングシートで移動できる列車の利用も考えたい。

大垣 ― 名古屋 ― 豊橋 ― 浜松

青い帯のあるAシート車

野洲 ― 神戸

一部の新快速に連結されているAシートを利用しよう

JR西日本の新快速には有料座席サービス「Aシート」が導入されており、野洲《やす》～姫路・網干《あぼし》間では、1日2往復、計4本運行されている。12両編成の9号車に連結され、定員は46席（自由席）。着席料金500円（均一料金）を払えば、特急車両並みのリクライニングシートにゆったり座って移動できる。

◀◀下り

野洲

野洲駅始発の新快速も活用しよう

米原で乗車する新快速は北陸本線から来る列車で混んでいることがある。米原時点で空席がない場合は、車両基地が隣接していることから始発・終着の新快速が多い野洲で、始発の新快速に乗り換えよう。野洲始発なら確実に座席確保が可能だ。

◀◀下り

新大阪 ― 大阪

新大阪～大阪間は来た列車に乗るのがいちばん速い

新大阪～大阪間は1駅間が3.8km離れている。両駅とも新快速、快速、普通（各駅停車）すべての列車が停車する。種別にかかわらず先に発車した列車が次駅へ先着するので、新幹線への接続、大阪環状線への乗り換えの際には、先発する列車に乗車することをおすすめする。

大垣

大垣乗り換えではエスカレーターの位置に注意

大垣を越えて名古屋～米原間を直通する普通列車は少なく、通常は大垣で乗り換えることになる。橋上の乗り換え通路は名古屋寄りにあり、1～4番線ホームは米原寄り、5番線は名古屋寄りにエスカレーターがついているから覚えておくとスムーズに乗り換えができる。なお、名古屋方面から来る列車は6～8両編成だが、米原方面へ向かう列車は4両編成に減車されるので注意が必要だ。

乗り換えるケースが多い大垣駅

神戸 ― 大阪 ― 新大阪 ― 野洲 ― 米原

山陽本線

和田岬線の列車

姫路

姫路駅ホームの中央付近から姫路城が見える

姫路の駅ビル「ピオレ姫路」に隣接する眺望デッキ「キャッスルビュー」は、姫路城の大天守などが眺望できる無料の施設だ。また、改札を出なくても高架ホームの中央付近からは、展望デッキ越しに姫路城が見られる。停車位置によっては列車からも見物できるので、姫路に停車した際は下関に向かって右側の車窓を見てみよう。

兵庫

和田岬線は山陽本線の支線

神戸からひと駅下関寄りの兵庫から和田岬へ延びる2.7kmの盲腸線は「和田岬線」の名で知られているが、実は山陽本線の支線である。工場への通勤輸送が主な使命で、朝と夕・夜間のみ運行され、さらに土休日は運休となる列車も多い。神戸に立ち寄る際は、一度乗ってみたい路線だ。

兵庫 — 西明石

新快速は列車線、快速・普通は電車線を走行する

東海道・山陽本線は草津〜西明石間で線路が4本並行する複々線区間となり、草津〜兵庫間では外側が速達列車用(列車線)、内側が各駅停車用(電車線)、兵庫〜西明石間は山側が列車線、海側が電車線となる。停車駅の少ない新快速と一部の快速は列車線、大半の快速と普通は電車線に振り分けられている。

姫路 — 西明石 — 兵庫 — 神戸

神戸～門司間の山陽本線は、瀬戸内海に沿って延びるが、意外と内陸に入っている。ターミナル駅の手前を始終着とする列車も多く、乗り継ぎにはテクニックが必要だ。

岡山

四国・山陰方面への玄関口 路面電車も走る岡山

岡山は山陽新幹線のほか、山陽本線、赤穂線、宇野線・瀬戸大橋線、伯備線、吉備線、津山線の列車が乗り入れ、在来線のホームだけでも4面10線ある。乗り換えには目的の列車が発車する乗場、停車位置を確認しよう。また、東口には岡山電気軌道の電停があり、路面電車に接続する。

岡山と四国を結ぶ快速「マリンライナー」

下り 岡山 ― 福山

岡山～福山間では夕方に快速「サンライナー」を運行

平日は岡山発15時32分発以降、20時31分発まで約30分に1本、福山行き快速「サンライナー」が設定されている。所要は約50分で、通常の普通列車より約10分の時間短縮になる。また、上りも福山発17時01分発から20時24分発まで約30分間隔で運行されている。ただし、土日休は2021年3月ダイヤ改正により減便され、岡山発が15時32分発と17時30発の2便、上りの福山発は18時44分発の1便のみとなったので注意したい。

下り 岡山 ― 倉敷

岡山～倉敷間は伯備線列車も利用できる

美観地区をはじめ観光資源が豊富な倉敷を訪ねる際は、伯備線備中高梁《たかはし》・新見行きを考慮に入れてはいかがだろうか。伯備線の列車は岡山を始発とし、日中の岡山～倉敷間は山陽本線の列車を含めて片道あたり1時間に5本が走行する。伯備線列車は213系の運用もあり、転換クロスシートでの快適な旅が味わえる。

下り 相生 ― 岡山

本数が減少する相生～岡山間は赤穂線回りも選択肢に

兵庫・岡山の県境越えとなる相生～岡山間は1時間に1本程度の運行本数になる。一方で並行する赤穂線は山陽本線から播州赤穂まで1時間に2本が直通し、播州赤穂～岡山間の直通列車は1時間に1本ながら接続がよい。相生への到着時刻によっては赤穂線回りを検討してもいいだろう。

福山 ― 倉敷 ― 岡山 ― 相生

車両基地を備えた糸崎駅

◀◀下り

糸崎

下りは始発駅の糸崎で乗り換えると便利

三原からひと駅岡山寄りの糸崎にはかつて機関区があり、その関係で現在も運行上の拠点として当駅を始発終着とする列車が多い。岡山方面から三原行きの下り列車に乗る時は、終点まで乗らず、糸崎で下車して糸崎始発に乗り換えると、着席できるチャンスがぐんと広がる。

宮島口

宮島航路は青春18きっぷで乗船できる

嚴島《いつくしま》神社が鎮座する宮島への航路、宮島口〜宮島間のJR西日本宮島フェリーは青春18きっぷが利用できる。フェリー乗場は山陽本線宮島口駅の正面にあり、徒歩約6分。乗船時間は約10分。なお、同区間を運航する宮島松大汽船は青春18きっぷで乗船できない。

三原－広島

車窓に多島海が展開する呉線経由で迂回することも

三原〜広島間では、山陽本線は山側に、呉線は海側に延びる。三原〜広間の運行本数は2時間に1本程度とあまり多くないが、広〜広島間には各駅停車に加えて1時間に2本、快速「安芸路ライナー」が設定されている。スケジュールに余裕があれば、瀬戸内海の絶景に恵まれ、車窓が長い時間楽しめる呉線経由の旅もおすすめだ。

広島－岩国

土休日は広島〜岩国間に快速「シティライナー」を運行

関西圏の新快速を除き速達列車が少ない山陽本線だが、岡山〜福山間の快速「サンライナー」に続いて広島〜岩国間では快速「シティライナー」が運行されている。ただし土休日運転のみで、ダイヤ改正により朝夕4便に減便されたので時刻表での確認が必要。広島〜岩国間は普通で約50分のところ、「シティライナー」は約40分で走破する。

港近くをゆく呉線の列車

C57形が牽引するSL「やまぐち」号

新山口

新山口は観光列車の始発駅

新山口は山口線との接続駅でもある。山口線の名物はSL「やまぐち」号。C57形やD51形が牽引する観光列車で、全車指定席ながら快速列車なので、指定席券を購入すれば青春18きっぷで乗車できる（グリーン車を除く）。このためSL「やまぐち」号が運行される土休日は多くの乗客で駅やホームがにぎわう。

※2021年9月まではDL「やまぐち」号として運行

下関 − 門司

下関で系統分離され下関〜門司間は1時間に2本

山陽本線の終点は関門トンネルを越えた門司だが、下関まではJR西日本管内で、下関〜門司間はJR九州に属する。門司駅構内に直流・交流の切り換えデッドセクションがあり、同区間は交直流車の415系で1時間に2本運用される。一部は日豊本線へ直通するが、本州側は下関以東へ直通しない。

下関

韓国・釜山へのフェリーが発着

下関と韓国・釜山を結ぶ国際航路、関釜フェリーが発着している。例年、2等運賃が50%割引となる「"青春18きっぷ旅"大応援キャンペーン」を開催。下関まで青春18きっぷで向かい、夜にフェリーに乗船すれば、翌朝は韓国へ上陸できる。予約方法などくわしくは関釜フェリー（http://www.kampuferry.co.jp/）を参照。

◀◀下り

岩国 − 下関

1時間にほぼ1往復乗りごたえたっぷりの3時間強

岩国以西は日中の運行本数が1時間に1本に減少する。さらに、岩国〜下関間の全区間を乗り通すと所要時間は3時間強と、乗りごたえはたっぷりだ。車両はボックスシートか転換クロスシート、トイレ付きの115系4両編成。徳山・新山口で比較的長く停車するので、ホームに降りて気分転換しよう。

岩国〜下関間には瀬戸内海の絶景区間がある

門司 ― 下関 ― 新山口 ― 岩国

中央本線

八ヶ岳を目の前に望む中央本線。列車は211系電車

◀◀下り

高尾 — 塩尻

1日7本は直通列車がある

高尾〜塩尻間では甲府・小淵沢で乗り継ぐケースが多く、このなかで塩尻を越えて篠ノ井線松本まで直通する列車が、下り7本設定されている。乗り換えの手間を省くこれらの列車の一部は、甲府では5分以上の長時間停車が行われるので、ホームに降り立つと気分転換になるだろう。

◀◀下り

高尾 — 小淵沢

塩山発の始発列車で座席を確保しよう

高尾から甲府・小淵沢方面への乗り継ぎは、塩山で途中下車したほうが便利な場合がある。例えば高尾発甲府行に乗る場合、途中駅の塩山で下車し、塩山始発の小淵沢行に乗り継げば、確実に座って行くことができるだろう。塩山ではなく、駅チカに足湯がある山梨市や春日居町で途中下車してもいい。

大月 — 高尾 — 八王子 — 新宿 — 東京

中央本線は塩尻を境にJR東日本とJR東海に分かれ、直通する列車はない。
数少ないながら設定される長距離列車を上手に利用したい。

横浜線の列車

八王子

新幹線乗り換えは八王子が便利

八王子は中央本線の途中駅だが、横浜線・八高線の接続駅でもある。東京都多摩地区、山梨県から東海道新幹線を利用する際は東京まで行かず、横浜線に乗り換えて新横浜に向かう方が近い。さらに終点の東神奈川まで足を延ばし、京浜東北線に乗り換えれば、横浜の繁華街まではあと少しである。

甲府

身延線ホームは下りホームの東京側に

甲府は身延線の接続駅で、甲府～富士間の直通普通列車は12往復と、ローカル線としては多い方だ。中央本線と身延線は直通することなく全列車が甲府始発だが、1番線の東京寄りにある切り欠きホームが身延線ホームとして用いられている。中央本線下り列車からは段差がないが、上り列車からは跨線橋を渡る必要がある。

上り ▶▶

大月

大月駅始発の快速で東京駅まで乗り換えなし

E233系の中央快速電車は、一部の列車が大月まで延伸されている。甲府方面からの列車は高尾・八王子・立川止まりで、新宿・東京へ向かうには終点で中央快速に乗り換えなければならず、着席は確約できない。大月始発ならば着席の機会はぐんと増える。

春日居町－**石和温泉**

春日居町と石和温泉に足湯あり

改札内外を問わず、足湯施設がある駅は全国に点在する。中央本線の甲府以東では春日居町と石和《いさわ》温泉に足湯施設が設けられている。いずれも駅前ロータリーのそばにあり、料金は無料。タオルは春日居町では管理室、石和温泉では駅前の観光案内所で販売しているが、持参がおすすめ。

石和温泉駅前足湯

写真提供／やまなし観光推進機構

小淵沢　甲府　石和温泉　春日居町　塩山

上諏訪駅のホームにある足湯

上諏訪

ホーム上に“駅ナカ足湯”

上諏訪は沿線随一の温泉地。駅ホームには2002年まで乗車券・入場券で入浴可能な全国唯一の“駅ナカ露天風呂”が設置されていたが、現在は足湯に改築されている。タオルは備えられていないので持参しよう。また、上諏訪は飯田線列車の始発駅でもあり、伊那市方面行きが4本設定されている。

◀◀下り

塩尻 ― 中津川

塩尻～中津川は2時間に1本へ減少

塩尻はJR東日本との境界駅で、JR東海エリアとなる塩尻以西は、中津川までほぼ2時間に1本の列車本数に減便してしまう。JR東日本エリアからの乗り継ぎには、時刻表を読んでうまくスケジュールを立てたい。

上り▶▶

塩尻

JR東日本とJR東海の境界駅　乗り換え必須の塩尻

塩尻は中央本線の途中駅だが、東京側からも名古屋側からも篠ノ井線へ直通する配線構造になっている。このため中央本線を直通する列車は1本もなく、直通の旅には乗り換えが必要だ。駅構内の西側にJR東日本とJR東海の境界があり、3・4番線ホームには「一駅一名物」として特産のブドウ棚が設けられている。

◀◀下り

岡谷 ― 塩尻

岡谷～辰野～塩尻間の「大八回り」を体験しよう

上諏訪～松本間の列車は、特急を含めて大半が1983年に開業したみどり湖経由の新線を走る。それまで本線だった「大八回り」と称される岡谷～辰野～塩尻間は事実上の支線となり、かつて特急列車が頻繁に行き交っていた面影も薄くなった。列車は岡谷～辰野間が飯田線へ、辰野～塩尻間は松本へ直通する。

岡谷駅から飯田線に直通する列車

塩尻 ― 辰野 ― 岡谷 ― 上諏訪

上り▶▶

金山

東海道本線からの乗り換えは金山が便利

名古屋は東海道新幹線を始め、JR在来線・私鉄が集結する大ターミナルだ。駅ビルには百貨店も併設され、一日中利用者で混雑する。一方で金山は東海道本線・中央本線・名鉄の3線のホームが並行に並び、名古屋より利用者が少なく、構内もさほど広くないので、東海道本線～中央本線の乗り継ぎがしやすい。

東海道本線と中央本線が接続する金山駅

◀◀下り

多治見

太多線～高山本線経由で岐阜へショートカット

多治見～美濃太田間の太多《たいた》線は名古屋近郊の非電化路線で、多治見寄りは名古屋のベッドタウンが広がる。中央本線から岐阜へは太多線～高山本線経由がショートカットとなり、日中の列車は美濃太田を越えて岐阜まで直通する。名古屋での乗り換えをわずらわしく感じるなら、太多線経由を考慮してもいいだろう。

駅周辺が整備された多治見駅

◀◀下り

中津川－多治見

多治見以西は快速運転

中津川以西は名古屋圏に入り、名古屋へ直通する中津川発の列車は1時間あたり2本程度に増え、311系・211系の6・8両編成が使用される。塩尻～中津川間列車より定員が多くなるので着席機会は増える。中津川～名古屋間直通列車は、多治見～名古屋間で快速となり、古虎渓・定光寺・神領・新守山は通過する。

中津川－瑞浪－多治見－名古屋

特急形車両も使用される名古屋圏のホームライナー

中央本線ホームライナーは「ホームライナー中津川」(名古屋～中津川間)、「ホームライナー瑞浪《みずなみ》」(名古屋～瑞浪間)、「ホームライナー多治見」(名古屋～多治見間)がある。グリーン車なしが313系8000番台、グリーン車付きが特急「(ワイドビュー)しなの」用の383系。乗車整理券を購入すれば、青春18きっぷで特急型車両を利用できる。

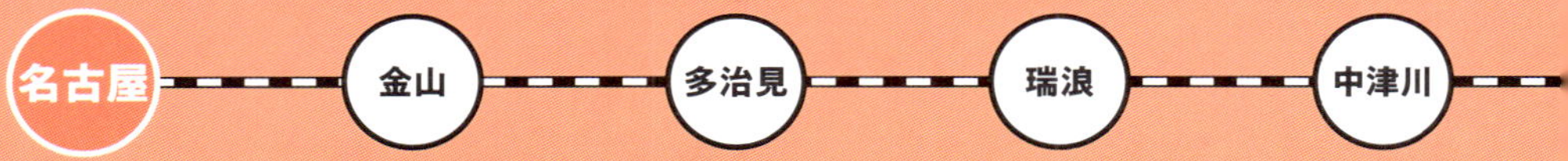

東北本線

上り ▶▶

黒磯

東京直通の上り列車は早朝に4本 土休日には行先が変わる

黒磯駅に停車中の列車

黒磯から東京方面へは宇都宮での接続が基本だが、早朝に4本が直通している。基本は上野行きだが、5時27分発の土休日運転が小田原行き、6時51分発の土休日運転が熱海行き（平日運転が品川行き）と、曜日により行先が変わるので注意が必要。黒磯からはグリーン車が連結（5時27分発は小金井から）されている。

福島

奥羽本線との乗り継ぎは 列車のダイヤに注意

奥羽本線福島～新庄間は山形新幹線と直通するため、軌間を新幹線に合わせて1435mmとしている。このため1067mm軌間の東北本線とは直通できず、福島で乗り換える必要がある。ところが、福島～米沢間の列車本数は6往復のみで、日中は約4時間も空いてしまう。スケジュールはまず福島～米沢間の列車から立てた方がいいだろう。

◀◀ 下り

上野

東京都区内からは上野東京ライン・湘南新宿ラインのどちらでも

2001年に湘南新宿ライン、2015年に上野東京ラインが開業し、東北本線と東海道本線が直通した。このため都区内の駅から座席を確保することは難しいが、宇都宮より遠方へ旅をする際は体力の温存も考慮し、新橋や品川から乗車するなどの工夫もして、座りやすい列車でいきたい。

福島～米沢間にある板谷駅

福島 ― 黒磯 ― 上野 ― 東京

東北新幹線の全通で盛岡以北がJRから切り離された東北本線。運行系統が小刻みに分断されるが接続はよく、臨時快速列車も運行されているので上手に利用したい。

盛岡行きの701系電車

◀◀下り

盛岡 — 一ノ関 — 小牛田

小牛田《こごた》〜一ノ関〜盛岡間は1時間に1〜2本

仙台近郊区間である仙台〜小牛田間はおおむね1時間あたり1〜2本が設定されているが、それ以北の小牛田〜北上間は1時間1本に減少する。しかし、小牛田・一ノ関での接続時間は約10分と短く、乗り継ぎの便はいい。ロングシートの701系2両編成が運用され、座席数が少ないことも知っておこう。

盛岡

北東北随一のターミナル 気動車も見られる

東北本線の終点、盛岡は田沢湖線・山田線、東北新幹線、第三セクターのIGRいわて銀河鉄道が接続するターミナル駅で、花輪線列車の始発駅でもある。東北本線の1067mm軌間、田沢湖線用の1435mm軌間の電車、新幹線に加え、山田線・花輪線用の気動車の姿も見られ、車両ウォッチに適している。

◀◀下り

仙台

仙石線に直通する 仙石東北ラインは要注意

2015年に東北本線松島〜仙石線高城町間に連絡線が設けられ、仙台〜石巻・女川《おながわ》間を直通する仙石東北ラインが開業した。交流〜非電化〜直流区間を走るため、ハイブリッド気動車HB-E210系が運用される。仙台駅では東北本線と同じホームなので、小牛田方面の列車との誤乗に注意しよう。

盛岡 — 一ノ関 — 小牛田 — 仙台

高崎・上越・信越本線

籠原駅の車両基地

下り
大宮

湘南新宿ライン経由の特別快速が走る

高崎線は東北本線と同様に東海道本線からの直通運転を行っているが、日中の1時間に1本、東北本線にはない湘南新宿ライン経由の特別快速が設定されている。赤羽を先発した列車を途中で追い越すダイヤが組まれていて、赤羽の次は浦和に停車。その後は大宮、上尾、桶川、北本、鴻巣の順に停まり、熊谷以降は各駅に停車する。

上り
籠原

籠原《かごはら》始発・増結編成で着席機会が増える

籠原の近くには車両基地があり、車両の出入庫を兼ねて当駅を始発・終着とする列車が多い。また当駅で増結する列車もあり、籠原で増結車に移動すれば、着席できる可能性が高くなる。JR東日本の時刻表アプリなどで籠原停車が3分以上なら増結あり。籠原停車時刻が載っていない『時刻表』でも、深谷～籠原間が5分程度なら増結なし、8分以上なら増結ありと判断できる。

上り
高崎

高崎線・上越線の乗り換えは水上寄りが便利

高崎線と上越線とは直通列車が少なく、基本的に高崎で乗り換えなければならない。連絡通路と改札口がある跨線橋は水上寄りにある。ホームによって異なるが、10両編成（高崎線）は6～8号車、上越線（4両編成）は2・3号車に乗ると、エスカレーター・エレベーターが近くて便利だ。

高崎

高崎～横川間は1時間に1本だが「碓氷《うすい》峠鉄道文化むら」は鉄道ファン必見

高崎～横川間は1885年に開業した信越本線で、横川以遠が北陸新幹線長野開業によりJRから切り離された。高崎～横川間の運行はおよそ1時間に1本。廃止となった横川～軽井沢間はJRバスが結んでいる。廃止された横川機関区跡には歴史的な車両を展示保存する「碓氷峠鉄道文化むら」（横川駅隣接）があり、鉄道ファンにおすすめだ。

高崎～桶川間を結ぶ信越本線の列車

水上 ― 高崎 ― 籠原 ― 大宮

東京から北上して日本海をめざす高崎・上越・信越本線でいちばんのネックとなるのは、本数の少ない上越国境の水上〜越後中里間だ。ここをいかに乗り切るかが旅のコツになる。

越後湯沢

駅構内で利き酒や酒風呂が楽しめる

越後湯沢駅ナカの「CoCoLo湯沢」にある「ぽんしゅ館」は日本酒をテーマにした店で、日本酒や加工品の販売のほか、「唎酒《ききざけ》番所93」では新潟県内全酒蔵の地酒が利き酒できる。また「酒風呂 湯の沢」は、湯沢の温泉に疲労回復・血行促進の効果があるといわれる日本酒を投入した入浴施設。乗り換えの待ち時間でも楽しめる。

「ぽんしゅ館」が入る商業施設の「CoCoLo湯沢」

新潟

指定席券を購入すれば「SLばんえつ物語」に乗車できる

C57 形180号機が牽引する「SLばんえつ物語」は、磐越西線新津〜会津若松間を走り、全国のSLファンの人気を集めている。新津を午前に出発し、午後に戻るこの列車は、全車指定席で展望車付き。別途指定席券（530円）を購入すれば18きっぷで乗車できる。

◀◀下り

水上 — 越後中里

水上〜越後中里間は1日5本だけ！行程はまずここから決めよう

上越線の旅でネックとなるのが上越国境の水上〜越後中里間だ。1日5本しかなく、水上9時44分発の次は13時40分発と4時間も列車がない時間帯がある。東京から新潟方面への旅には、まず水上発の列車を選んでスケジュールを立てよう。9時44分発を利用するなら高崎は8時23分発に、13時40分発なら同12時02分発に乗ろう。

長岡 — 新潟

特急車を使った快速「信越」が走る

新潟県の二大都市である長岡と新潟の間には、これまで快速列車「おはよう信越」「らくらくトレイン信越」が運行されていたが、2021年3月ダイヤ改正により快速「信越」と名称変更された。ダイヤはほぼ変わらず、下りは長岡発7時22分発、上りは新潟20時58分発で、特急形のE653系を使用する。全車指定席になるため別途指定席券（530円）が必要となるが、信越地区において青春18きっぷ＋追加料金で特急車に乗れる貴重な列車だ。

E653系の快速「信越」

新潟 — 長岡 — 越後湯沢 — 越後中里

旅行中の困りごとを解決

スマホ時代の

18きっぷ便利帳 3

もしも列車が遅れたら？大切なのは気持ちとお金の余裕

列車が遅延している場合は、まずJR各社の公式HP、公式ツイッター、公式アプリなどで情報をチェック。さらにリアルタイム情報を検索するなら、ツイッターの検索バーに「○○線　遅延」などのキーワードを入れて調べてみよう。必ずしも正しい情報ばかりではないが、数秒前のつぶやきなどもあり、遅延情報をリアルタイムで知ることができる。

乗り継ぎに間に合わない！　となっても、慌てずに計画を練り直そう。28ページで紹介した経路検索サイトではバス路線の時刻表も検索できるので、バスを利用した代替案を考えることもできる。また、思い切って新幹線を利用すると乗り継ぎがうまくいくケースもある。気持ちとお金にも余裕をもって、多少のハプニングも含めて列車旅を楽しもう。

❶ まずはJRの公式情報をチェック!

最初に確認するのはJRの公式情報。旅立つ前に公式HPをブックマークし、アプリはダウンロードしておこう。スマホのモバイルバッテリーも持ち歩きたい

❷ Twitterでリアルタイム情報を検索

離れた場所の情報や、投稿された画像で駅の混雑状況がわかることも。すべてが正しい情報ではないがリアルタイム情報を知ることができる。

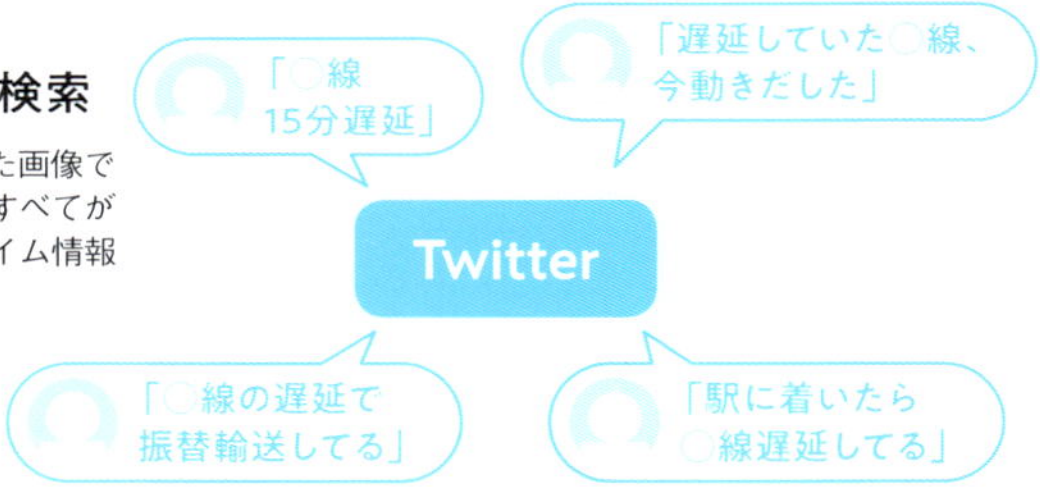

❸ 代替案を考える

潔い決断も必要。場合によっては新幹線やバスも利用したい。駅の近くにATMがないこともあるので、ある程度の現金やクレジットカードを持ち歩こう。

青春18きっぷで行く

4つの旅プラン

のんびりコトコト、普通列車に揺られながら車窓を眺め、
途中下車して地元グルメや温泉を楽しむ。
交通費を抑えた分、いつもよりちょっと贅沢も……。
18きっぷビギナーにもおススメしたい4つの旅のご提案。

※掲載情報は、一部を除き取材当時のものです。料金やダイヤ、
内容等が変更されている場合がありますのでご留意ください

水上と弥彦を経て、仙台・秋保温泉へ

ＳＬも楽しみながら温泉と絶景をめざす

癒しの旅

旅の目的といえば、おいしいものを食べたり、美しい景色を見たり、温泉に入ったりして日ごろの疲れを癒すこと、という人も多いだろう。そこで、今回は青春18きっぷを使って温泉と絶景を楽しむ旅を計画。ノスタルジックな気分が味わえるＳＬにも乗って、夏の東北を満喫する。

旅人／蜂谷あす美　撮影／米屋こうじ

夕暮れが近づくなか、弥彦駅に列車が入線してきた

はちや・あすみ

福井県出身。慶應義塾大学在籍時に鉄道研究会の代表を務めた。2015年1月にJR全線完乗。鉄道や旅を中心とした執筆活動を行っている。著書に『旅鉄HOW TO 001 女性のための鉄道旅行入門』（天夢人）など。

1日目
東京▼新潟

8:23 **高崎駅**

高崎駅での乗換時間は7分。あまりのんびりもしていられない。この区間はかつて首都圏で活躍した211系電車が走る

9:30 **水上駅**

駅前の丸天自転車で無料レンタサイクルを借りて街を散策。自転車は丸天自転車、水紀行館、ふれあい交流館で乗り捨て可能

水上温泉で早々に日帰り入浴を楽しむ

まどろみから現実世界に戻ると、そこは上尾だった。旅は早朝出発が多いため、乗車、着席、お休みなさいがいつものパターンだ。ただし寝過ごし注意。

そんなわけで、旅らしい旅は高崎で乗り換えた上越線水上行きから始まる。左手に榛《はる》名《な》山、右手に赤城《あかぎ》山が迫り、勾配を感じながら利根川を眺めているうちに終点に到着した。先に進みたければ15分後に発車する長岡行きに乗り換えればいい。けれども接続のよさゆえ、18きっぷシーズンには「水上ダッシュ」というハードな席取り合戦が繰り広げられるので、ここは1本見送る。次の長岡行きのポイン

入口には誰でも利用できる足湯設備が設けられている。2階のテラスからは谷川岳が望めるので、湯上りにお茶をするのもおすすめ

2階には「みなかみてつどう展」が常設展示されている。昔の貴重なきっぷなどのほか、沿線を走るSLみなかみの写真が見られる

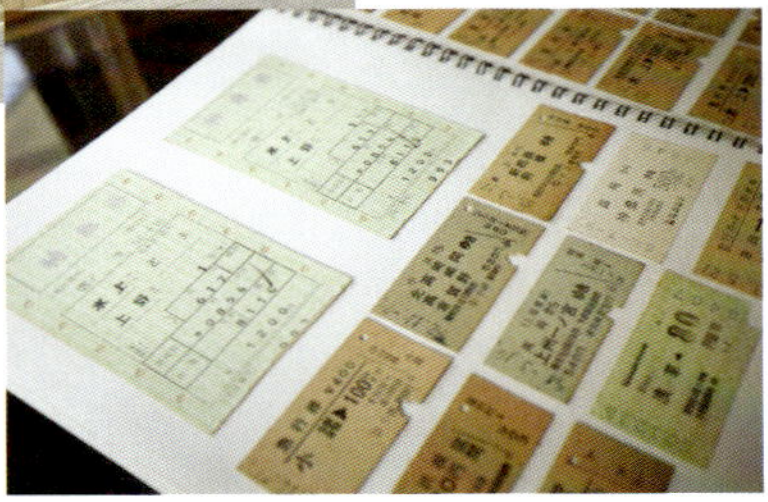

小ぶりな内湯ながらも源泉100%。寄り道がてら立ち寄れる気楽さがある。館内には休憩スペースも設けられている

10:00

ふれあい交流館

温泉街中央に位置する日帰り温泉施設。駅からは徒歩でも15分程度。受付の観光インフォメーションセンターは温泉街の窓口も兼ねており、周辺の観光情報を教えてもらえる。旅行者のほか、地元の方の利用も多い。

☎0278-72-8885 住 群馬県利根郡みなかみ町湯原801
料 中学生以上600円

トは高崎からの列車に接続していないこと。あえて混雑に身を投じる必要もないだろう。

温泉に行こう、とぷらぷら歩いたところで無料の貸自転車を見つけた。これ幸いにお借りして、軽快にペダルを漕ぐ。公共交通機関による旅は、レンタサイクルが重宝する。

日帰り温泉施設、「ふれあい交流館」で入浴料を支払うと「期限がないのでよかったらどうぞ」とおつりとともに割引券をいただいた。他のお客さんは地元の方とおぼしきおばちゃん1人だけで、心地よさに再訪を予感した。

こうして出足好調な雰囲気を漂わせていたのに、いきなり想定外が訪れた。次の列車で昼食をとるつもりだったところ、駅の売店が閉店していたのだ。旅でつらいのは〝食

11:49 土合駅

下り線は日本一のモグラ駅として有名で、地上までは10分以上階段を上らなくてはならない。真夏でもひんやりとした空気が漂う

14:05 東三条

喫茶店「コーヒー村」のオムライスで昼食。コーヒー好きのオーナーが1976年に始めたお店。サイフォンで入れるブレンドコーヒーが有名

15:24 吉田駅

弥彦線と越後線の乗換駅にあたり、駅名標が両者で共用となっている。弥彦からの帰りは、ここで越後線に乗り換えて新潟に向かった

11:00 水上温泉

水上温泉を流れる利根川は、ラフティングの聖地として愛好家の間では知られている。水上橋からは楽しそうな様子が見られた

いっぱぐれる〟こと。土産物屋でおやきを2つ購入し、長岡行きのクロスシートでおやつにした。

湯檜曽《ゆびそ》駅、土合《どあい》駅とモグラ駅を経て、次に日の光を浴びるときにはもう県境の向こう側、新潟に突入していた。冬の豪雪地帯も、夏は青くさわやか一色だ。ほくほく線、只見線、飯山線への乗り換えアナウンスに後ろ髪をひかれつつ、終点まで乗車する。信越本線で東三条まで移動し、ここで1時間のおやつタイム、もとい遅めのランチだ。

どこというあてはなかったけれど、駅前で渋い喫茶店「コーヒー村」に出会ってしまった。駅前喫茶店は昼食にもおやつにもなる万能さを備えているし、地元の人の交差点に身を置くことができるし、

神社へ続く道を歩きながら「何をお参りしようか」ばかり考えた

15:55 弥彦駅

大正5年に開業した弥彦線の起点駅。2013年にリニューアルされた駅舎は、彌彦神社を模した寺社造りで、駅前には手水舎もある

大好きだ。嬉々とオムライスをいただいた。

弥彦山から越後平野も日本海も一望

東三条からは弥彦《やひこ》線で吉田へ。そして乗り換え、弥彦山に続く単線レールを眺めているうちに終点弥彦に至った。越後一宮で名高い彌彦《いやひこ》神社の玄関口だ。

ロープウェイは、ガイドさんの解説とともに弥彦山を登っていく。あいにくの曇天だったが、タイミングよく雲が切れ、ずっと遠くまで越後平野が見渡せた。「時刻表」の索引地図でその存在を知り、一度は乗ってみたいと思っていた弥彦山ロープウェイ。山麓駅は彌彦神社拝殿の奥にあった。こんなところに乗り場があるなんて。参拝とセットで

15分間隔で運転されるロープウェイではガイドさんが案内をしてくれる。景色にほれ込んで、何度も訪問するリピーターもいるとか

16:15

弥彦山ロープウェイ

山麓駅から弥彦山頂駅までの1000mを5分で結ぶ。山麓駅は彌彦神社拝殿わきから「万葉の道」と名付けられた植物観察道を歩いて10分ほど。拝殿わきから無料送迎バスもある。山頂駅に行くと、食堂やパノラマタワーなどがある。

☎0256-94-4141　住 新潟県西蒲原郡弥彦村弥彦2898
料 大人 1500円（往復）

写真提供／弥彦山ロープウェイ

標高552.5mの弥彦山頂駅からは、日本海が一望できる。取材日は厚い雲が立ち込めていたが、晴れていれば佐渡島が見える

越後一宮として名高い彌彦神社にてぬかりなく参詣。弥彦線矢作～吉田間には高さ30.16mの大鳥居がそびえている

楽しめてしまう。

標高５５２・５ｍの弥彦山頂駅に降り立って早々、涼しい空気が肌に触れる。眼下にはちょっとあらぶり気味の日本海。天候次第では佐渡島まで見えるそうだ。

下山後、高校生で混雑する車内で夜に溶けていく車窓を見ながら、この日の宿泊地、新潟へ向かった。

19:33

新潟駅

以前は国鉄時代の名残を残す地上ホームだったが、2018年4月からは高架化し、新幹線ホームと同じ高さになった（一部はまだ地上）

選んだのは「鮭の焼漬弁当」。タレに漬け込んだ焼き鮭がおいしくて、あっという間にごちそうさま。食後のおやつは「三色だんご」

9:37 **新津駅**

ホームでは駅弁の立ち売り販売が行われている。三新軒と神尾弁当の2社がそれぞれ数種類扱っていて、どれにするか悩んだ

2日目 新潟 ▼ 秋保温泉

SLばんえつ物語で新しい旅を知る

「これは案外、楽しめそうだ……」

手を振る駅員に見送られながら思った。列車は、重たく緩く新津駅を離れていく。2日目の私は新潟から新津に移動し、「SLばんえつ物語」の乗客になっていた。

10時5分に新津駅を発車する列車は、磐越西線111kmを経て会津若松駅を目指す。最高速度は時速60km。普通列車が同区間を平均90km前後で走るのに比して、ずいぶんのんびりだ。

3時間半もあるし、ゆっくり車窓を楽しもうと目論《もくろ》んでいたが、とんでもない。1号車先頭のオコジョ展望室でかぶりつくようにして蒸気を噴き上げる機関車を見て、4号車の展望車で並走する阿賀野川を眺めているうちに時は経過し、11時12分津川駅着。ここでは機関車のメンテナンスが行われる。給水作業や石炭のかき寄せ作業など、普段は見ることのできない貴重なシーンに感動していたところ、気づけば発車間際に。慌てて列車に戻り、ようやく席に落ち着き駅弁を食べた。

「SLばんえつ物語」は、今回が初乗車。「蒸気機関車がけん引しているだけでしょ」と、侮《あなど》っていたのだけれど、かなり楽しめた。定刻通り13時35

10:05

SLばんえつ物語

1999年4月運行開始。貴婦人、あるいは
シゴナナとして親しまれているC57形蒸
気機関車が7両編成の客車をけん引する。

「本日はご乗車いただきありがとうございます！」。車掌さんが肉声であいさつをしてくれる。ご本人も楽しそうに仕事をされていた

展望車の4号車には、郵便ポストが設置されていて旅の記念に投函できる。隣の5号車には売店があり、グッズ、お土産品などが買える。

写真　松尾諭

車窓を見て、駅弁を食べて
目いっぱい楽しめるSL3時間半！

4号車の展望車からは阿賀野川（福島県内は阿賀川）をはじめとした景色のパノラマが楽しめる。沿線の人が手を振ってくれることも

11:12 津川駅

16分の停車時間を利用して、機関車の点検を行う。給水や注油、石炭のかき寄せなど、きびきびとした連携作業に見とれてしまった

18:10 長町駅

東口から宮城交通のバスに乗車。乗り場が少々わかりにくいので、余裕をもって移動を。ちなみに運賃は後払い

分着の会津若松で「え、もう終わり？」と感じたほどだ。

ちなみに、「SLばんえつ物語」は〝快速〟列車なので、青春18きっぷに指定席券（530円）を追加すれば乗車できてしまう。今なら言える、「かなりおススメ」と。

会津若松からは磐越西線で郡山へ、そして東北本線で北上し、仙台の手前、長町《ながまち》駅で下車した。駅前から路線バスに乗り、一路、秋保《あきう》温泉へ。この区間は1961（昭和36）年まで秋保電気鉄道が結んでいた。手元の地図で、廃線跡と現在地を比較するという趣味根性丸出しの遊び方をしているうちに、バスは秋保温泉湯元に到着した。

交通費は青春18きっぷのおかげで抑えられているので、2泊目は奮発し、仙台の奥座敷で温泉宿に宿泊した。

幻想的にライトアップされる大浴場「神嘗の湯」。大浴場は「湯の舞の湯」と2種類あり、それぞれ露天風呂付き。男女交代制なので、夜と朝でそれぞれ楽しむのがおすすめ

19:00

仙台 秋保温泉 岩沼屋

日本三御湯として知られる秋保温泉で400年以上の歴史を誇る老舗旅館が、2020年11月に大江戸温泉物語グループとしてリニューアルオープン。地産地消の会席料理をはじめ、数々のおもてなしがオールインクルーシブで楽しめる。

予約:0570-033268 住 宮城県仙台市太白区秋保町湯元字薬師107

夕食は旬の食材を使った地産地消の創作会席。地酒などアルコールを含む20種類以上のドリンクや湯上がりビール、夜食なども無料で楽しめる(料理はプラン、シーズンにより異なる)

歴史を感じさせるクラシカルな雰囲気のロビーで明日の予定を考えるのもよさそう。青春18きっぷで交通費を抑えた分、宿はいつもより贅沢に

3日目 秋保温泉▼東京

秋保大滝ののち 気まぐれ行程変更

朝の散歩も兼ねて、宿から徒歩10分ほどのところに位置する秋保電鉄・秋保温泉駅跡に立ち寄ってみた。近くを流れる名取川には「覗橋ハート」と名が付された岩のくぼみがあり、どうやら「恋人の聖地」と認定されているようだ。駅跡には、仙台市電でかつて使われていた車両が保存されている。私の注目を引いたのはその隣に位置する喫茶店「鉄ちゃん」だ。店内に鉄道の写真が飾られているが、開店時間前だったのが悔やまれる。

旅の最終日、バスで最初に向かったのは、名勝・秋保大滝。

9:00 覗橋ハート

磊々峡（らいらいきょう）という名取川の絶壁エリアに位置する岩のくぼみ。ロマンティックなスポットとして、「恋人の聖地」に選定されている

9:05 旧仙台市電

1976年に仙台市電が廃止されるまで活躍し、その後2000年まで長崎電気軌道で愛された車両。2001年、故郷に帰ってきた

9:46 秋保大滝

山形の山寺立石寺の奥の院である大滝不動堂の北側に位置する滝で、幅5m落差55mを誇る。名取川の全水量が瀑布となって落ち込む。国の名勝に指定されており、日本三大名瀑の一つに数えられることもある。観瀑台までは、秋保大滝バス停からすぐ。また、滝壺までは秋遊歩道を小走りで15分ほど。

☎022-398-2323（秋保温泉郷観光案内所）
住 宮城県仙台市太白区秋保町馬場字大滝

「秋保・里センター」発のバスで秋保大滝へ（所要約24分）。付近にはおはぎで一躍有名になったスーパー「主婦の店　さいち」がある

遊歩道を経て滝壺まで来てみた。跳ね返る飛沫が一面に降りかかり、夏の火照った体には気持ちいい。帰りのバスの時間にはご注意を

秋保大滝バス停から2分ほど歩けば、観瀑台があり、幅6m高さ55mの全景を見ることができる。でも、もっと近づきたい。帰りのバスまでの時間は40分ちょっとで、これを逃すと次は3時間後……。欲望には打ち勝てず、小走りで遊歩道を下る自分がいた。15分後、あたり一面にこだまする爆裂音とともに豊かな水量をたたえる大滝が迫った。何より圧倒的なのは滝壺から跳ね返る飛沫《ひまつ》で、霧のようにぱらぱらと降りかかってくる。汗ばむ体に心地よい。来てよかった。

再び小走りで登り道をバス停へ急ぐ。荷物がリュックであるため小回りが利く。危なげなく戻ってこられた。

乗り込んだバスは仙山線の愛子《あやし》駅行き。愛子から普通列

11:00 鉄ちゃん

バスを磊々峡で飛び降りて、喫茶店「鉄ちゃん」へ。店内には秋保電気鉄道に関する資料や貴重な資料が展示されている

看板メニューのナポリタン800円（サラダ、コーヒの付いたセットは1,000円）。見た目以上に具だくさんでボリューム満点

「鉄ちゃん」の店主、早坂末子さんは、秋保の出身。この店名は先代社長が付けたそう。地元の人とのおしゃべりも旅の楽しみ

車でおとなしく帰るという旅程だ。しかしここで、「さっきの鉄ちゃんにいけるかも？」とよからぬ思い付きが。その一助となったのは携帯していた「時刻表」。なぜなら路線バスも載っているから。そしてさらに役立ったのは青春18きっぷ。普通乗車券のように行程が指定されていないので、どこへだって行ける。結果、長町駅行きのバスを使えば秋保温泉に1時間以上滞在できることが判明した。これは「鉄ちゃん」に訪問せざるを得ないだろう。

「子どものころは、よく駅で遊んでたのよ」

秋保出身の店主、早坂末子さんが往時の思い出を教えてくれた。看板メニューは「ナポリタン」。セットでサラダとコーヒーを付けて、好奇心も食欲も満たされた。旅は行かないとわからないことばかりなので、こうして予定を変更することもままある。ちなみに店内に掲出されていたバス時刻表によって、仙台駅前行きのバスもあることがわかり、この後さらに変更が加えられた。

仙台からは東北本線を福島、郡山、新白河と乗り継ぎ東京へ帰る。仙台駅では「新幹線に浮気したい」と思うほど長く険しく見えた帰路だが、宇都宮まで来ると「帰りたくない」の気持ちにぐらりと傾く。宇都宮は駅前に餃子店がひしめき合う街だ。晩御飯という名目で旅の延長戦を許容してくれるので、素通りはできない。餃子を黙々と食べ、2泊3日を振り返り、それからようやく本当に帰った。

12:50 仙台駅

タケヤ交通の「西部ライナー」を使えば秋保から仙台駅前まではおよそ30分。ほぼ1時間おきに1日13往復の運航がある

17:15 黒川橋梁

福島と栃木の県境で全長333.7mの黒川橋梁を渡る。1920年に使用を開始した歴史ある橋梁だ

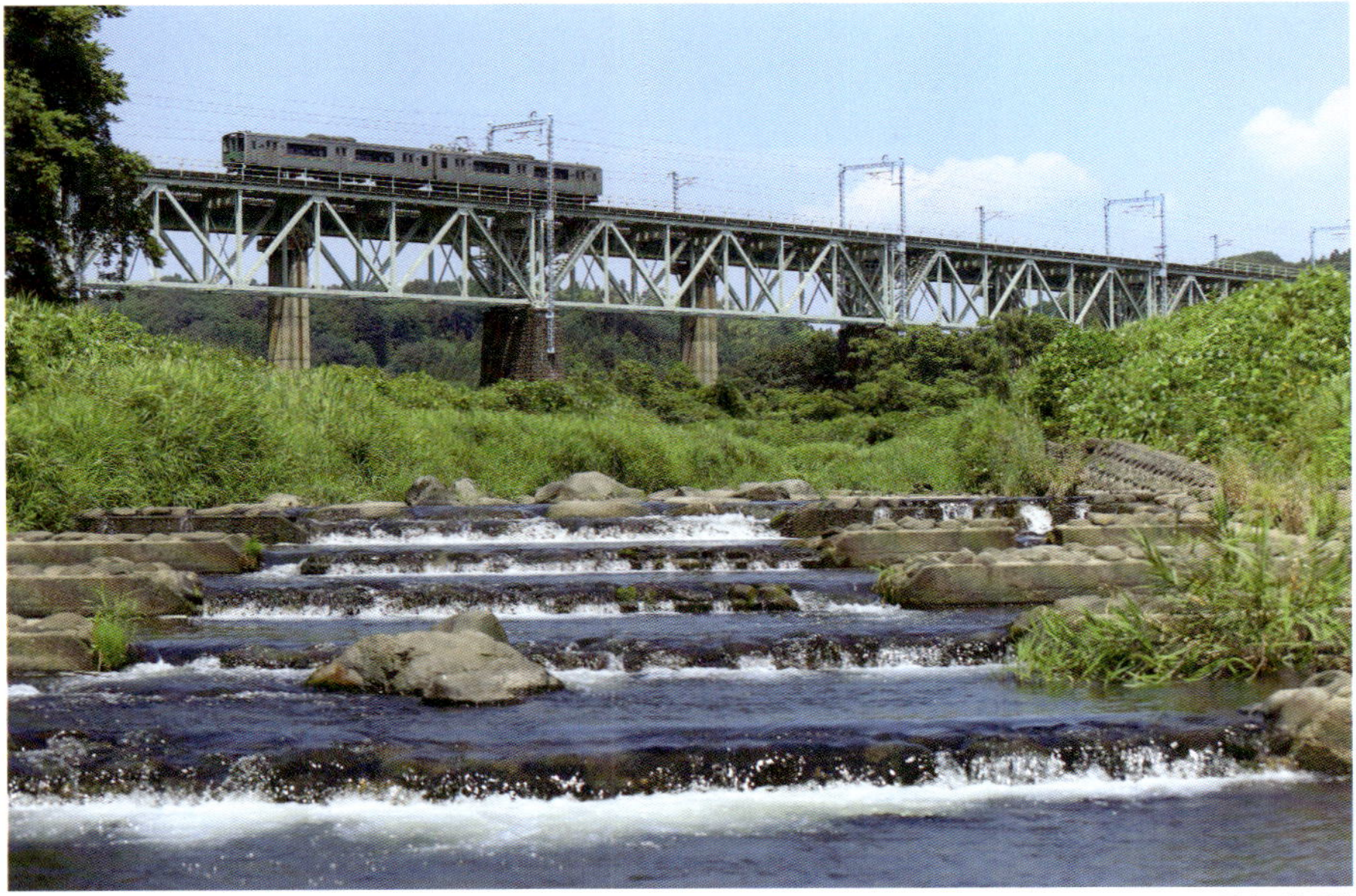

写真／松尾諭

宇都宮で
餃子を食べてしまうのは
旅を終わらせたく
ないから

18:28 宇都宮餃子

駅を出てすぐのところに餃子屋が何軒もあり、それぞれが手まねきしているように見える。東北帰りには決まって立ち寄っている

旅の行程&アドバイス

1日目

駅名	発着時間	路線・行き先	
東京	発 6:20	上野東京ライン・高崎線前橋行(1822E)	前5両は籠原止まり
高崎	着 8:16		
	発 8:23	上越線水上行727M	比較的混雑する。のんびりしていると着席できない。
水上	着 9:30		
	発 11:40	上越線長岡行(8735M・1735M)	
長岡	着 13:31		
	発 13:40	信越線内野行(447M)	
東三条	着 14:05		駅前の喫茶店で遅めの昼食。
	発 15:04	弥彦線吉田行(238M)	0番線から発車
吉田	着 15:24		中間駅の矢作駅手前で大鳥居が見える
	発 15:47	弥彦線弥彦行(272M)	弥彦山ロープウェイで山頂へ。日本海を一望。晴れていれば佐渡島も見える。
弥彦	着 15:55		
	発 18:21	弥彦線吉田行(279M)	
吉田	着 18:30		
	発 18:43	越後線新潟行(167M)	車内が混雑する時間帯。
新潟	着 19:33		

2日目

駅名	発着時間	路線・行き先	
新潟	発 9:19	信越本線新津行(2526D)	
新津	着 9:40		ホームで駅弁の立ち売りあり。ばんえつ物語は全席座席指定(指定席料金530円)。
	発 10:05	磐越西線会津若松行(8226・SLばんえつ物語)	
会津若松	着 13:35		時間が空くので駅周辺を散策。
	発 14:13	磐越西線快速郡山行(3238M・快速あいづ4号)	進行方向左手に磐梯山を望む。
郡山	着 15:19		
	発 15:42	東北本線福島行(1139M)	
福島	着 16:28		
	発 16:40	東北本線仙台行(581M)	
長町	着 17:59		
長町駅東口	発 18:10	バス(宮城交通)	乗り場がわかりにくいので事前に確認しておくといい。バスは平日と土休日で時刻が大きく異なるので注意。
秋保温泉湯元	着 18:54		近隣にはおはぎで有名なスーパー「主婦の店 さいち」がある。

3日目

駅名	発着	時間	路線・行き先
秋保温泉（秋保・里センター）	発	9:35	バス（仙台市交通局）
秋保大滝	着	9:59	
	発	10:38	バス（仙台市交通局）
磊々峡	着	11:04	
秋保温泉（秋保・里センター）	発	12:19	バス（タケヤ交通）
仙台駅前	着	12:50	
仙台	発	14:00	東北本線白石行（446M）
白石	着	14:48	
	発	14:51	東北本線福島行（1180M）
福島	着	15:25	
	発	15:40	東北本線新白河行（2144M）
新白河	着	17:09	
	発	17:45	東北本線黒磯行（4144M）
黒磯	着	17:38	
	発	17:43	東北本線宇都宮行（670M）
宇都宮	着	18:35	
	発	19:42	宇都宮線通勤快速上野行（3556M）
上野	着	21:12	

バス停のすぐそばから滝を見ることができる。滝壺までは高低差のある道のりを片道15分歩く。

旧秋保電鉄の秋保温泉駅跡にある喫茶店「鉄ちゃん」で看板メニュー・ナポリタンを食べる。

前日と同じ区間だが、上りと下りで線路が大きく離れている箇所が多く、車窓もだいぶ違う。

乗り換え6分。

少し早めに宿を出て、旧秋保電鉄の駅跡と保存車両を見学してからバスに乗車。

このバスを逃すと、午後まで来ない。

比較的新しい路線バス。

仙台駅前までほぼノンストップで到着。

車内にはお手洗いがないので注意。

駅周辺で名物の餃子を食べる。

Plan data
プランデータ

難易度	★★★★★
乗車距離	1009.7キロ
普通運賃換算	17,820円

18きっぷを3回使用すると

10,590円お得!

※タイムテーブルは土曜日出発のもの

「青春18きっぷ」で新元号ゆかりの万葉の地へ

万葉をめぐる令和の旅

旅人／蜂谷あす美
撮影／牧野和人

三種の神器を御神体とする熱田神宮から
万葉集に詠まれた大神神社を経て、
皇室の祖先神とされる天照大御神を祀る伊勢神宮へ。
悠久の時代を今に伝える、万葉集ゆかりの地をめぐる旅。

1日目
東京 ▼ 奈良

9:15 富士川橋梁

東海道本線の富士～富士川駅間に位置する鉄道橋。橋長は約570mで晴れていれば遠くに富士山が見える。

古くから崇敬を集めてきた熱田神宮。平日にもかかわらず、多くの人が参拝に訪れていた

13:30 熱田神宮

名鉄神宮前駅から徒歩3分、JR熱田駅から徒歩10分に鎮座する熱田神宮。境内には本宮のほかに、別宮1社、摂社8社、末社19社が祀られている。

☎052-671-4151（8:30～16:30受付）
住 愛知県名古屋市熱田区神宮1-1-1
交 JR東海道本線熱田駅から徒歩約10分

初めて頂いた御朱印。熱田神宮では「御朱印」ではなく「御神印」と呼ぶ

熱田神宮で人生初の御朱印を頂く

　普通列車限定という制約下で効率よく移動しようとすればおのずと出立時間が早まるものの、朝に弱い私にはなかなかこれがしんどい。目覚ましを止めながら「行くのをやめようか」と思うほどに。そんな人が東京から西へ向かうとき、まず乗るべきは熱海以遠を終着地とする東海道本線のグリーン車だ。広々とした座席で朝飯を食べ、二度寝をむさぼり、体力の温存に努め、その後、鈍行列車乗り継ぎの旅へと繰り出していった。
　今回、最初に改札を抜けたのは名古屋市内に位置する熱田駅。代々天皇に受け継がれて来た三種の神器のうち、剣に当たる「草薙神剣《くさなぎのみつるぎ》」を神体

14:30

宮きしめん 神宮店

宮きしめんの創業は1923年。熱田神宮を発祥の地とし、宮司から熱田神宮の「宮」の字をもらい、「宮きしめん」と命名したという。素材、製法、だしにこだわった宮きしめんは夏の暑い日に食べたい逸品だ。

052-682-6340　住 愛知県名古屋市熱田区神宮1-1-1 熱田神宮境内

宮きしめん750円。きしめんは江戸時代から伝わる"名古屋めし"の代表格

とする熱田神宮に向かう。大津通を南へ10分ほど歩くと、東門に当たる神明《しんめい》鳥居が見えてきた。玉砂利を踏みしめながら参道を進む。神社といえば、鳥居、玉砂利のイメージが強いが、鳥居をくぐることに、玉砂利を踏みしめることに心身を清めていく意味があるそうだ。国道に面した立地でありながら、「熱田の杜《もり》」とよばれる木々に覆われていることもあり、文明にまつわる騒々しさもいつの間にか消えていた。

外玉垣御門《とのたまがきごもん》、さらに両端の四尋殿《よじんでん》から構成される拝殿から、二拝二拍手一拝の作法にのっとってお参り。熱田神宮は113年の創建とされ、地元では「熱田さん」として親しまれている。広い境内には本宮を含めて29のお社があり、桶狭間《おけはざま》の合戦の後、戦勝のお礼に織田信長が奉納した塀や、楊貴妃《ようきひ》の墓石の一部とされる石塔が据えられた清水社《しみずしゃ》といった遺構も数多く見られる。清水社では、湧水を石塔に三度かけると願いが叶うそうで、私も他の参拝者に倣い、祈念しながら柄杓《ひしゃく》で水を大きく飛ばした。さて、結果はいかに。

今回、せっかく神社めぐりをするのだからと自分にとっての初体験を盛り込んでいた。それは「御朱印」。旅行中に社寺仏閣へ参拝するのは初めてではなかったけれど、御朱印を頂く発想がこれまではなかった。ちなみに鉄道旅行の楽しみのひとつには駅で押印する「駅スタンプ」がある。こちらには以前から積極的に取り組んでいるのだけど、実はこの駅スタンプ、御朱印に

着想を得て、1931（昭和6）年に当時の福井駅で誕生したもの。つまり、鉄道と御朱印には、深い関係があるのだ。

授与所で御朱印帳を受け、最初のページに墨書と印を頂く。神職の方による手書きがうれしく、ほくほくした気持ちになる。

さて、ここで昼食の時間。境内の「宮きしめん」で冷製きしめんを食べる。店舗は屋外に設けられているものの、屋根が日差しを遮っており、火照った体が芯から冷えていくのが分かった。

奈良駅旧駅舎のたたずまいに悠久の時を感じる

参拝を済ませたのちは、さらに西へと移動する。乗り込んだ各駅停車の終点は名古屋だけれど、終点で乗り換えていては混雑に巻き込まれること必至なので、あえて手前の金山乗り換えとし、目ざとく

17:25 伊吹山

滋賀県米原市、岐阜県揖斐川（いびがわ）町・関ケ原町にまたがる伊吹山地の主峰。織田信長は伊吹山に薬草園を開いたと言われている。

ボックス席で向かい合ったおばちゃんと地元トークに花が咲く

19:57 JR奈良駅旧駅舎

2007年に近代化産業遺産に登録され、現在は奈良市総合観光案内所として活用されている旧駅舎。観光案内所は朝9:00から、夜は21:00 まで開いている。

見つけた空席に座る。大垣で米原行きに乗り換え、関ケ原を越えると右手には伊吹山が見えてきた。近江長岡停車中、ボックス席の向かいに座った米原市内在住のおばちゃんは「うちはここから見える伊吹山が好きや」と教えてくれた。その理由は「山らしく見えるから」とのこと。特急や新幹線だと隣り合った席の人と語り合うなんてことはほとんどないけれど、普通列車のボックス席は、地元の人とおしゃべりする機会がままある。なんとなくその地域に交ぜてもらえた気持ちになり、うれしい。

こうして東海道本線の旅を京都まで続け、京都からは奈良線で南下していく。奈良線の列車はすべてが京都始発につき、早めにホームに向かえば確実に座れるのがありがたい。東海道本線では、列車の接続がよく、そのために、皆で仲良く乗り換えを続けることになり、座席争奪戦が頻発し、体力を奪われ続けるので、こうした着席保証列車が行程に組み込まれていると安堵《あんど》する。

日がゆっくりと傾いていくなかを列車は進み、とっぷりと暮れたところで終点のJR奈良に到着。旅の1日目もここで終わりとなる。

駅を出ると、和洋折衷の雰囲気を見せる奈良市総合観光案内所がライトアップされていた。実はこちら、１９３４（昭和9）年から２００３（平成15）年まで奈良駅舎として使用されていた建物にあたる。古風なたたずまいが、万葉という悠久の時間を今に伝える地に似つかわしく思わず見とれてしまった。

2
日目
奈良
▼
伊勢市

8:27 三輪駅

桜井線にある三輪駅。1898年に開通し、近くには大神神社のほか茅原大墓（ちはらおおはか）古墳などの古墳が多数点在する。

9:00 大神神社《おおみわ》

「おおみわ」と読むことからわかるように、古くから神様の中の大神様と尊ばれ、あつく祀られてきた歴史を持つ大神神社。拝殿は鎌倉時代に創建されたとされており、現在の拝殿は1664年に徳川家綱によって再建された。

☎0744-42-6633 住 奈良県桜井市三輪1422 大神神社 交 JR桜井線三輪駅から徒歩5分

1984年の昭和天皇の御親拝を記念して1986年に建てらてた大鳥居。車道をまたぐ鳥居としては日本一の高さを誇る

熱田神宮に続いて、大神神社で御朱印を頂く。印には御神体である「三輪山」の文字が記されている

三輪山を御神体に祀る大神神社へ参拝

沿線には万葉集に詠まれた地域が多いことから「万葉まほろば線」の愛称を有する桜井線で2日目はスタートする。平城京の東端に位置したことに由来する京終《きょうばて》をはじめ、帯《おび》解《とけ》、巻向《まきむく》など難読駅名が多いのも歴史ある地であることのひとつの表現だ。いにしえを運ぶ列車で移動することおよそ30分、左手には、万葉集で数多く詠まれた三輪山が、そして右手には大きな鳥居が見えてくる。やがて列車は三輪に到着し、ここで下車した。

三輪は無人駅でありながら、臨時のラッチやきっぷ売り場が設けられている。この理由は、桜井線の車窓がすべて語っている。三輪は日本最古の

11:30

三輪の里 池側

そうめん発祥の地と言われている三輪地方。毎年2月の5日には「三輪素麺《そうめん》」の新しい年の卸値価格を古式にのっとって占う卜定祭《ぼくじょうさい》が行われ、そうめんの卸値として「高値」「中値」「安値」のひとつが決定される。

☎0744-45-4118 住 奈良県桜井市三輪250-1

三輪山のふもとを走る桜井線。新緑に105系のスカイブルーの車体が目を引いた

大神神社の近くにある「三輪の里 池側」(木・金曜定休)。三年物の一番細いそうめんを使用しているのが特徴。冷やしそうめん850円など

神社とされている大神《おおみわ》神社の最寄り駅。右手に見えた大鳥居は大神神社の鳥居。そして三輪山は大神神社の御神体にあたる。

駅からまず向かうのは、大鳥居。改札を抜けて歩くことおよそ8分。目的地がそのまま目印になっているため、迷うことなくたどり着けた。道路をまたぐようにしてそびえる高さ32mのそれは遠くで見るよりもずっと存在感にあふれている。

大鳥居と一の鳥居をくぐり、改めて大神神社に参拝する。参道前には先ほど列車で通過した桜井線の線路が敷かれており、踏切脇には臨時改札が設けられていた。駅周辺の臨時設備は、三が日などに利用されているようだ。

玉砂利の先、参道を登りきって拝殿に到着し、さっそくお参り。ふと顔を上げると、奥のほうで木々が揺れている。神社では一般的に、私たちがお参りをする拝殿の奥に主祭神を祀《まつ》る本殿がある。しかし大神神社の場合、後方にそびえる三輪山を御神体としていることから、本殿を持たない。鎌倉時代創建、1664(寛文4)年に徳川家綱が再建した豪華な拝殿との対比で、自然の織りなす木々の色味が鮮やかに引き立たされ、まぶしかった。

参拝後、熱田神宮に続いて御朱印を頂く。墨書の上に、御神体である三輪山と、大神神社の印がそれぞれ捺《お》される。御朱印に用いられるのは、朱印と筆だけなのだが、神職の方による手書きということもあり、頂いた瞬間から〝世界

12:30 三輪駅

2019年3月16日にデビューした、和歌山線・桜井線の新型車両227系1000番台。車内はオールロングシートで、1号車の連結部付近に多機能トイレと車いすスペースが設けられた。

写真提供／JR西日本

13:45 木津川

関西本線の加茂～大河原間は木津川の流れに沿って走る。のんびりした車窓を眺めることができるのも、18きっぷ旅ならではの楽しみ。

にたったひとつ〟の存在と化す。誰もが歩んだ旅路が、私だけの旅となるように。帰宅後に一つひとつの御朱印を指でなぞり返すとき、私は私だけの思い出を振り返ることになるのだろう。

高台に立つ大神神社から眼下に視線をやれば、大和三山と称される香久《かぐ》山、畝傍《うねび》山、耳成《みみなし》山が見渡せた。この三山に取り囲まれるようにして栄えたのが日本最初の都・藤原京。遠くまで見渡しながら、時間的彼方にある栄華に思いをはせた。

参拝後、駅まで戻りつつ昼食を摂る。三輪といえば、盆地の地形を生かしたそうめんの産地。参道に並ぶ飲食店は、今風のおしゃれなものから、渋い定食屋までさまざまだけれど、どこもメニューにはそうめん、あるいは温かいにゅうめんがみられた。汗の吹き出る暑さにつき、迷わずそうめんを選ぶ。細いながらもはっきりとコシを持った麺はのど越しもよく、一気に食べ尽くしてしまった。

駅前の銭湯で身を清め明日の参拝へ備える

三輪からは木津まで戻り、関西本線へと乗り換えていく。新興住宅地を見せていた車窓も、加茂を過ぎ、木津川に沿って走り始めるころには、のんびりとした景色を演出していた。本線といいながらも車両は小型の気動車、キハ120形なのもこれに一役買っているだろう。

JR西日本とJR東海の境界駅にあたる亀山で新宮行きに、次いで多気で参宮線の伊

18:00

一月家《いちげつや》

14時ごろの開店と同時に満席となる伊勢の人気店・一月家。1914(大正3)年創業の老舗ながらも、常連のみならず新規客も温かく迎え入れてくれる。会計時に店主がそろばんをはじく姿に、この店の歴史を感じる。

☎0596-24-3446　住 三重県伊勢市曽祢2-4-4

夜が更けるにつれ、次々とのれんをくぐる客が後をたたなかった

新鮮な刺し身は目にも楽しく、隣り合った地元の方との話も盛り上がる

勢市行きに乗り換える。重厚な音を発しながら単線区間を進むキハ25形は思い出したように駅で反対列車との行き違いを行う。遠景には複線高架の近鉄線が姿を現す。青春18きっぷの旅はJRで進んでいくけれど、各地の私鉄を車窓に楽しむことができる。見慣れない車両が、遠くに来たことを教えてくれる。

　終点の伊勢市で神社めぐりといえば伊勢神宮！　しかし日も暮れてきたので翌日に持ち越すことにして、夜ごはんへと繰り出した。地元の人でにぎわう居酒屋「一月家《いちげつや》」にて、郷土料理であるイワシの酢漬けやサメのたれ（ヒレのこと）を食べる。酒は飲めない体質だけれども、居酒屋は楽しい。料理一品ずつに「うまいうまい！」と喜び、カウンターで並んだ地元の男性と談笑して過ごし楽しい夕餉《ゆうげ》となった。

　この日の宿は、伊勢市駅近く。そこから徒歩5分のところに銭湯「旭湯」を見つけたので嬉々として入浴に行った。旅行ではビジネスホテル泊りが続きがちなので、体を伸ばせる銭湯があるとはせ参じてしまう。この銭湯、特徴的なのは、二見浦《ふたみがうら》からくみ上げた海水を使った露天風呂があること。その理由を、館長の酒《さか》徳覚三《とくかくぞう》さんに尋ねたところ、「本来、伊勢神宮に参拝する前には、禊《みそぎ》として身を清めていた」と。つまりこの海水露天風呂に浸かったことで、期せずして翌日への準備が整ったのだ。

外宮の中心となる豊受大神宮。神宮の祭典は「外宮先祭(げくうせんさい)」といい、まず外宮で祭儀が行われる習わしがある

3日目

伊勢市▼東京

朝日を浴び、清々しい気持ちで参拝する

6:00

伊勢神宮

「お伊勢さん」の愛称で知られる伊勢神宮。正式には「神宮」と言い、内宮は約2000年、外宮は約1500年の歴史がある。お祭りの順序にならって、お伊勢参りは外宮から内宮の順にお参りするのが習わしである。

☎0596-24-1111(8:30〜16:30) 住 三重県伊勢市宇治館町1(内宮)三重県伊勢市豊川町279(外宮) 交 JR参宮線伊勢市駅からバス約15分(内宮)、徒歩約5分(外宮)

五十鈴川の御手洗場で心身を清める。こちらの石畳は徳川綱吉の母である桂昌院(けいしょういん)が寄進したと伝わる

朝の澄んだ空気のなか伊勢神宮へ向かう

早朝6時の私は、伊勢市駅から続く外宮《げくう》参道を歩いていた。人はまばらで、気温も上がり切っていない。目的地は、伊勢神宮の外宮。起き抜けの少しぼんやりした頭で火除橋《ひよけばし》を渡り、続く玉砂利の道を歩き始めると、気持ちの背筋が伸びてきた。ほどなくして正

9:00 おかげ横丁

1993年の第61回神宮式年遷宮の年に、内宮門前町「おはらい町」の中ほどに開業したおかげ横丁。営業時間は店により異なるが、伊勢うどんや赤福などの伊勢グルメが味わえる。

夏におすすめなのが、かき氷の中に赤福の入った「赤福氷」。暑い日は多くの人が買い求め、長蛇の列ができる

内宮の入り口である、五十鈴川に架かる全長101.8m、幅8.42mの宇治橋

橋を渡った先にある内宮神楽殿は宇治橋から正宮までの参道の中間地点

人々が「一生に一度はお伊勢参り」と望んだ石段を、御正宮(ごしょうぐう)へ向かって一段一段上る

宮に至る。撮影が禁じられている場所につき、普段なら手元のカメラだのなんだのに気を取られがちな心も、いくぶんか落ち着いている。御幌《みとばり》が掛けられた外玉垣御門脇からは唯一神明造《しんめいづくり》という、檜《ひのき》の素木でつくられた本殿の屋根がわずかに見えた。派手さも、豪華さもなく、ただただ素朴なたたずまいだけど、いや、だからこそか、厳かな空気があたりを包み込んでいた。

このままの気持ちで向かったのは、外宮からおよそ6km離れた場所に位置する内宮《ないくう》。五十鈴《いすず》川にかかる全長約102mの宇治橋を渡ると、一層気が引き締まる。参道脇には、川べりに御手洗《みたらし》場が設けられていたので、手を浸してみる。冷たい。ここで手水《てみず》を行うこともできるようだ。こうして落ち着いた心持ちで、正宮へと向かった。内宮は、皇室の祖先神とされる天照大御神《あまてらすおおみかみ》を祀っており、三種の神器のうち、鏡にあたる「八咫鏡《やたのかがみ》」が御神体とされている。まだ8時前の時間ではあるものの、参拝者は多かったが観光地にありがちなにぎやかな空気とはかけ離れた、しっとりとした時間がそこには流れていた。

これら境内とうって変わって元気いっぱいなのが鳥居町にあたる「おはらい町」だ。赤福の本店をはじめとして、伊勢志摩の特産品や小物を扱う店、飲食店が並んでいた。また、お伊勢参り時代の街並みを再現した「おかげ横丁」もあり、どこもかしこも見ているだけで楽しい。ここで私は「赤福氷」なるものを頂いた。見た目は抹茶味のかき氷

11:00

名代 伊勢うどん 山口屋

昭和初期創業、老舗の伊勢うどん店である山口屋。2019年5月発売の「ミシュランガイド愛知・岐阜・三重 2019 特別版」にミシュランプレート店として掲載される。伊勢うどん専門店のミュシュランガイド掲載は初めてである。

☎0596-28-3856 住 三重県伊勢市宮後1-1-18

伊勢うどん500円。独特の濃いタレに、ふわふわの麺をからませて食べる

12:40

多気～徳和

紀勢本線多気～徳和間を流れる櫛田川を渡る快速「みえ」。

なのに、中に赤福が潜んでいるのだ。しゃくしゃくとした氷に、あんこと餅の混ざり具合がおいしい。

　ところで先におやつを食べてしまったが、まだ朝ご飯を食べていない。伊勢では、お伊勢参りによって誕生した独特の食文化があり、そのうちのひとつが「伊勢うどん」。伊勢市駅に戻り、昭和初期創業の老舗「名代伊勢うどん山口屋」ののれんをくぐった。色の濃いたまり醤油のかかったうどんを一口すすってたちまち驚く。麺がふわふわに柔らかい。さらに、濃い色とは裏腹に全然しょっぱくない。関西系のだしが効いた味わいで、いくらでも食べられてしまいそうな勢いだった。３代目の山口敦史さんに話を聞いたところ、自家製仕込みの麺を1時間かけてゆでることで柔らかさが、そしてカツオ、煮干し、さらにはサバを原料とするだしで割ることで、風味豊かな味わいが作られているそうだ。観光客だけでなく、地元の人も一般的に家庭で食べる料理らしく、伊勢市在住の人がうらやましくなった。

浜名湖を望みながら万葉の時代に思いをはせる

　帰路の参宮線は普通列車ではなく、快速「みえ」を選び、これで一気に名古屋まで戻る。快速であるために、停車駅が少ないのはもちろんのこと、伊勢鉄道という私鉄区間を走ってショートカットを図る珍しい列車だ(伊勢鉄道区間は別途乗車券５２０円を購入する必要がある)。

　このまま東へと向かってし

12:47 松阪駅

松阪駅をただ通過するのはもったいない。ここでは2分しか停車しなかったが、その時間があれば松阪名物「あら竹」の駅弁を買うことができる。ホームに売店もあるが、事前に電話予約をすれば「積み込み」で列車ドアまで届けてくれるのだ。

駅弁のあら竹

☎0598-21-4350（駅売店のお取り置き、松坂駅での列車積み込み可能） 住（本店）三重県松阪市日野町729-3（JR松阪駅前通り商店街）（駅売店）JR松坂駅改札横

すき焼き肉たっぷりの、日本初のメロディー付き駅弁「モー太郎弁当」1260円

短時間の受け渡しのため、お釣りがいらないように注意

15:10 大あんまき

食べてばかりの旅の〆（しめ）に欠かせないのが豊橋駅の大あんまき。わざわざ豊橋駅でこのために降りる人がいるほどの人気のある和菓子で、1本ぺろりといけてしまう。

16:00 浜名湖リゾート&スパ THE OCEAN

湯船から海を望み、開放感あふれる温泉で旅に疲れを癒す。赤い弁天島大鳥居も見える。

☎053-592-1155 住静岡県浜松市西区舞阪町弁天島3285-88

リゾートホテルだが日帰り入浴もできる（15:00〜24:00。中学生以上1000円／4歳以上500円）

まうと、列車に乗り続けることになり、昼食を食べそこねる危険性があるが、そこは心配ご無用。事前に松阪の駅弁調製業者「あら竹」に電話予約をしておくと、列車までお弁当を持ってきてくれるのだ。こうして入手したのは、まだご飯の温かい「モー太郎弁当」。牛の顔そのままをかたどったふたをめくったところで「あっ！」と声が出た。メロディーセンサーが組み込まれていて、「ふるさと」が流れ出したのである。すき焼き肉がこれでもかというくらいに乗った弁当を私はかき込むようにして食べてしまった。

終点の名古屋からは、初日のコースを逆行し、東海道本線を東京へと向かっていく。けれどもまだ帰りたくない。豊橋を過ぎ、浜名湖を通過しきってしまう直前の弁天島で下車し、最後の立ち寄りスポットとして「浜名湖リゾート&スパ THE OCEAN」で日帰り入浴を堪能した。露天風呂の湯船からは、琵琶湖（近江《おうみ》）に対して遠江《とおとうみ》として万葉集で詠まれた浜名湖、さらにその向こうの太平洋まで一望でき、ゆったりとした景色の中、3日間の旅を振り返った。

旅の行程&アドバイス

1日目

駅名	発着時間		路線・行き先	
東京	発	6:30	東海道本線 熱海行	グリーン車で熟睡／進行方向左手に海が見える
熱海	着	8:20		晴れていれば右手に富士山が見える
	発	8:23	東海道本線 沼津行	
沼津	着	8:41		
	発	8:55	東海道本線 島田行	
興津	着	9:33		終点の島田まで乗らず興津始発に乗り換えて座る
	発	9:42	東海道本線 浜松行	
浜松	着	11:13		進行方向左手に海が見える
	発	11:25	東海道本線 豊橋行	
豊橋	着	12:00		
	発	12:02	東海道本線 快速 大垣行	
大府	着	12:41		
	発	13:00	東海道本線 岐阜行	
熱田	着	13:15		
	発	16:17	東海道本線 岐阜行	
金山	着	16:20		名古屋から先行する快速に金山で乗り換え
	発	16:24	東海道本線 快速 大垣行	
大垣	着	17:02		関ケ原を過ぎると右手に伊吹山
	発	17:09	東海道本線 米原行	
米原	着	17:44		乗り換え時間が短いので注意
	発	17:47	東海道本線 新快速 播州赤穂行	
京都	着	18:42		乗り換え時間に余裕があるけれど早めにホームに移動して座席確保
	発	19:06	奈良線 快速 奈良行	
奈良	着	19:57		旧駅舎のライトアップを見て、一日目終了

2日目

駅名	発着時間		路線・行き先	
奈良	発	8:02	桜井線 JR難波行	難読駅の解読にチャレンジ
三輪	着	8:27		進行方向左手に三輪山、右手に大鳥居
	発	12:32	桜井線 奈良行	
奈良	着	12:57		
	発	13:20	関西本線 加茂行	
加茂	着	13:34		
	発	13:42	関西本線 亀山行	
亀山	着	15:05		木津川・加太川のゆったりした流れと並走／柘植〜加太に中在家信号場スイッチバック跡
	発	15:14	紀勢本線 新宮行	
多気	着	16:23		
	発	16:33	参宮線 伊勢市行	
伊勢市	着	16:57		

3日目

駅名	発着時間		路線・行き先	
外宮前	発	7:09	バス（三重交通）	外宮〜内宮は歩くと1時間ほどかかるのでバス移動がおすすめ
内宮前	着	7:25		
	発	9:50	バス（三重交通）	
伊勢市	着	10:11	※バス停名は「伊勢市駅前」	
	発	12:21	快速みえ12号 名古屋行	松阪駅の駅弁は事前予約しておく／河原田〜津間で520円必要
名古屋	着	14:10		
	発	14:16	東海道本線 新快速 豊橋行	
豊橋	着	15:10		「大あんまき」を買う
	発	15:24	東海道本線 浜松行	
弁天島	着	15:46		
	発	17:04	東海道本線 浜松行	浜名湖を渡る
浜松	着	17:16		
	発	17:31	東海道本線 熱海行	
熱海	着	20:14		
	発	20:18	東海道本線 高崎行	
東京	着	21:58		

※タイムテーブルは土曜日出発のもの

Plan data
プランデータ

難易度	★★★★☆
乗車距離	1174.9キロ（JR）
普通運賃換算	19,360円

青春18きっぷを3回分で

12,130円お得!

取材・イラスト：大崎メグミ

青春18きっぷ 1泊2日 只見線満喫の旅 イラストルポ

長い休みがなかなかとれない…でも都会から離れておいしい空気を味わいたい、そして「テツ分」も補給したい…！そんな人にぴったりな旅、体験してきました！

出発！

水上から長岡行きの電車に乗りかえ。こちらはクロスシートとロングシートがあったのですが、クロスシートはうまっていたので、ふ・た・た～び駅弁はあきらめたの♪でした。

そこでパッと目に入った「ハローキティのだるま弁当」を買うことに。こちらは人気らしく、既にラス1でした！

まずは高崎駅で駅弁をゲット！実は峠の釜めしをねらっていたのですが、まだきていない様子。通常8:30か9:00くらいに入荷するんだそうです。

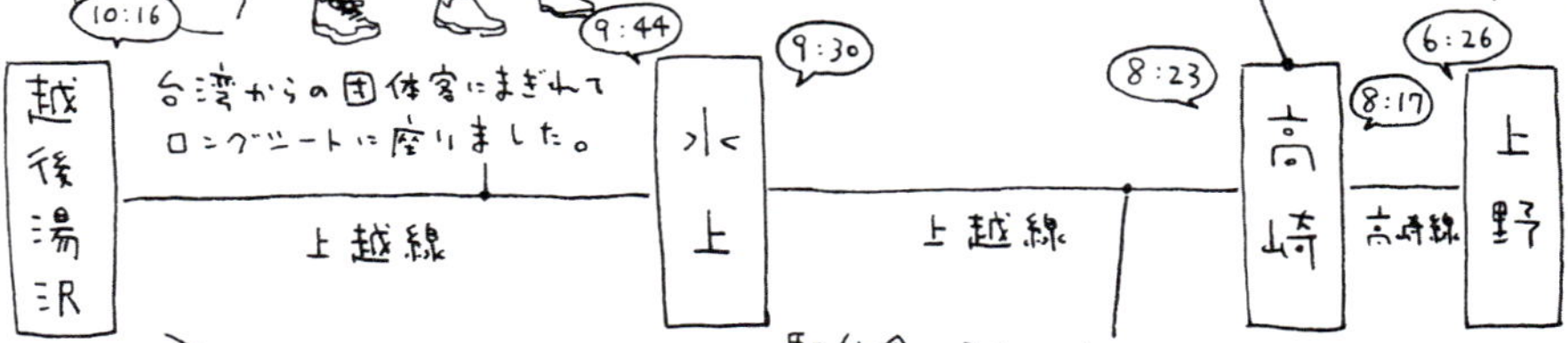

台湾からの団体客にまぎれてロングシートに座りました。

ここで途中下車

駅のホームでようやく駅弁タイム！

駅弁食べるぞー！とワクワクして乗りこんだところ車内はもれなくロングシート…。ガラガラでしたがさすがに駅弁をひろげる勇気はなく…泣く泣くがまんしたのでした…。

中身までしっかりキティちゃんで、キティちゃんファンじゃなくともドキドキしました！ちょっと甘めの味つけなので女子向けかなー？

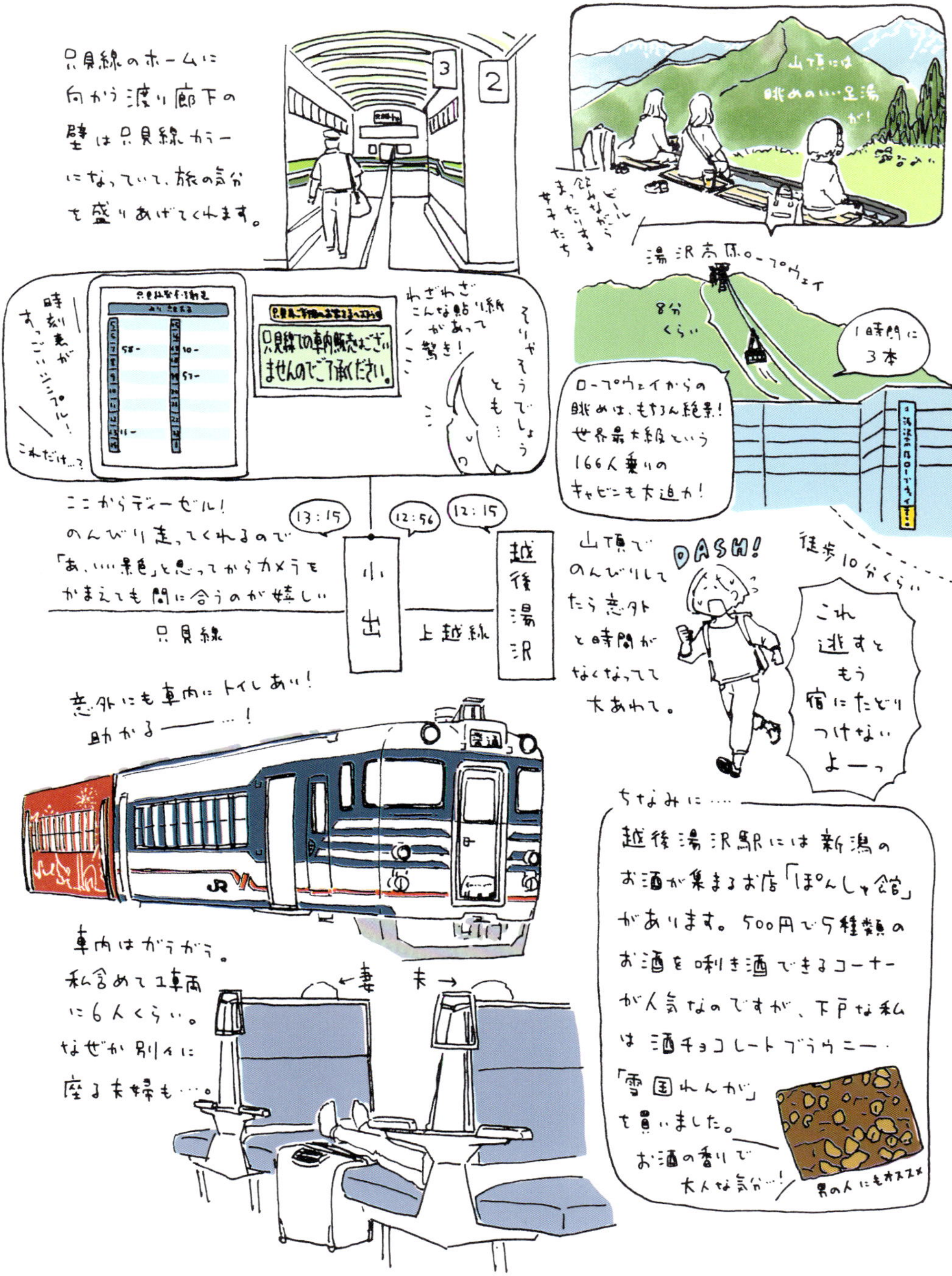
只見線のホームに
向かう渡り廊下の
壁は只見線カラー
になっていて、旅の気分
を盛りあげてくれます。
山頂には
眺めのいい足湯
が！
ビール
飲みながら
まったりする
女子たち
時刻表がすっごいシンプル！
これだけ…？
只見線での車内販売はございませんのでご了承ください。
わざわざこんな貼り紙があって驚き！
そりゃそうでしょうとも…
湯沢高原ロープウェイ
8分
くらい
1時間に
3本
ロープウェイからの
眺めは、もちろん絶景！
世界最大級という
166人乗りの
キャビンも大迫力！
ここからディーゼル！
のんびり走ってくれるので
「あ、いい景色」と思ってからカメラを
かまえても間に合うのが嬉しい
13:15
12:56
12:15
小出
越後湯沢
只見線
上越線
山頂で
のんびりして
たら意外
と時間が
なくなってて
大あわて。
DASH!
徒歩10分くらい
これ
逃すと
もう
宿にたどり
つけない
よーっ
意外にも車内にトイレあり！
助かる――…！
JR
車内はガラガラ。
私含めて1車両
に6人くらい。
なぜか別々に
座る夫婦も…。
←妻
夫→
ちなみに…
越後湯沢駅には新潟の
お酒が集まるお店「ぽんしゅ館」
があります。500円で5種類の
お酒を唎き酒できるコーナー
が人気なのですが、下戸な私
は酒チョコレートブラウニー
「雪国れんが」
を買いました。
お酒の香りで
大人な気分…！
男の人にもオススメ

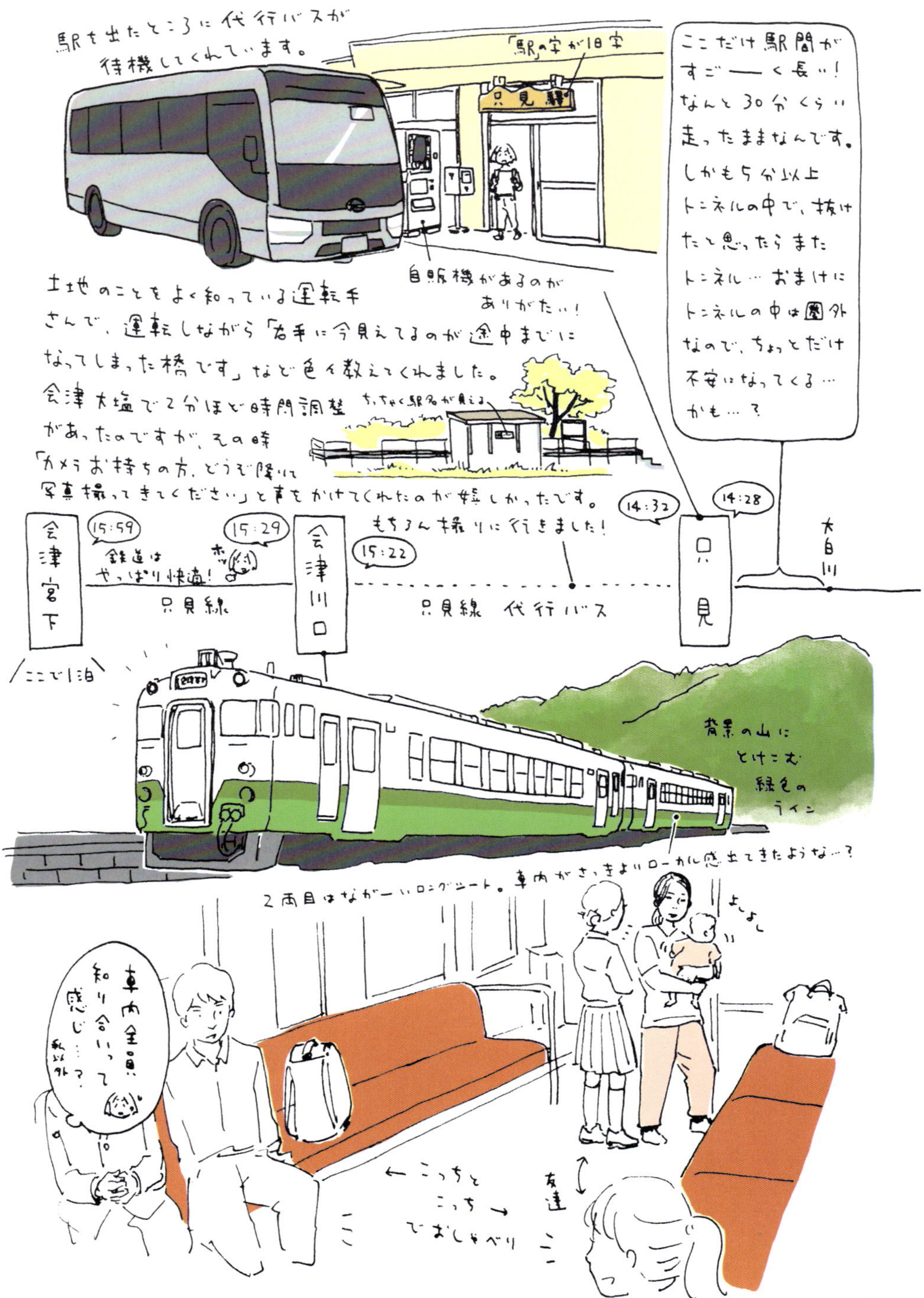

駅を出たところに代行バスが待機してくれています。
「駅」の字が旧字
只見驛
ここだけ駅間がすごーーく長い！なんと30分くらい走ったままなんです。しかも5分以上トンネルの中で、抜けたと思ったらまたトンネル…おまけにトンネルの中は圏外なので、ちょっとだけ不安になってくる…かも…？
自販機があるのがありがたい！
土地のことをよく知っている運転手さんで、運転しながら「右手に今見えてるのが途中までになってしまった橋です」など色々教えてくれました。
会津大塩で2分ほど時間調整があったのですが、その時「カメラお持ちの方、どうぞ降りて写真撮ってきてください」と声をかけてくれたのが嬉しかったです。
ちっちゃく駅名が見える
もちろん撮りに行きました！
14:32
14:28
大白川
只見
只見線　代行バス
15:22
会津川口
15:29
ホッ
15:59
鉄道はやっぱり快適！
只見線
会津宮下
ここで1泊
背景の山にとけこむ緑色のライン
2両目はながーいロングシート。車内がさっきよりローカル感出てきたような…？
よしよし
車内全員知り合いって感じ…？
私以外
←こっちとこっち→でおしゃべり
友達

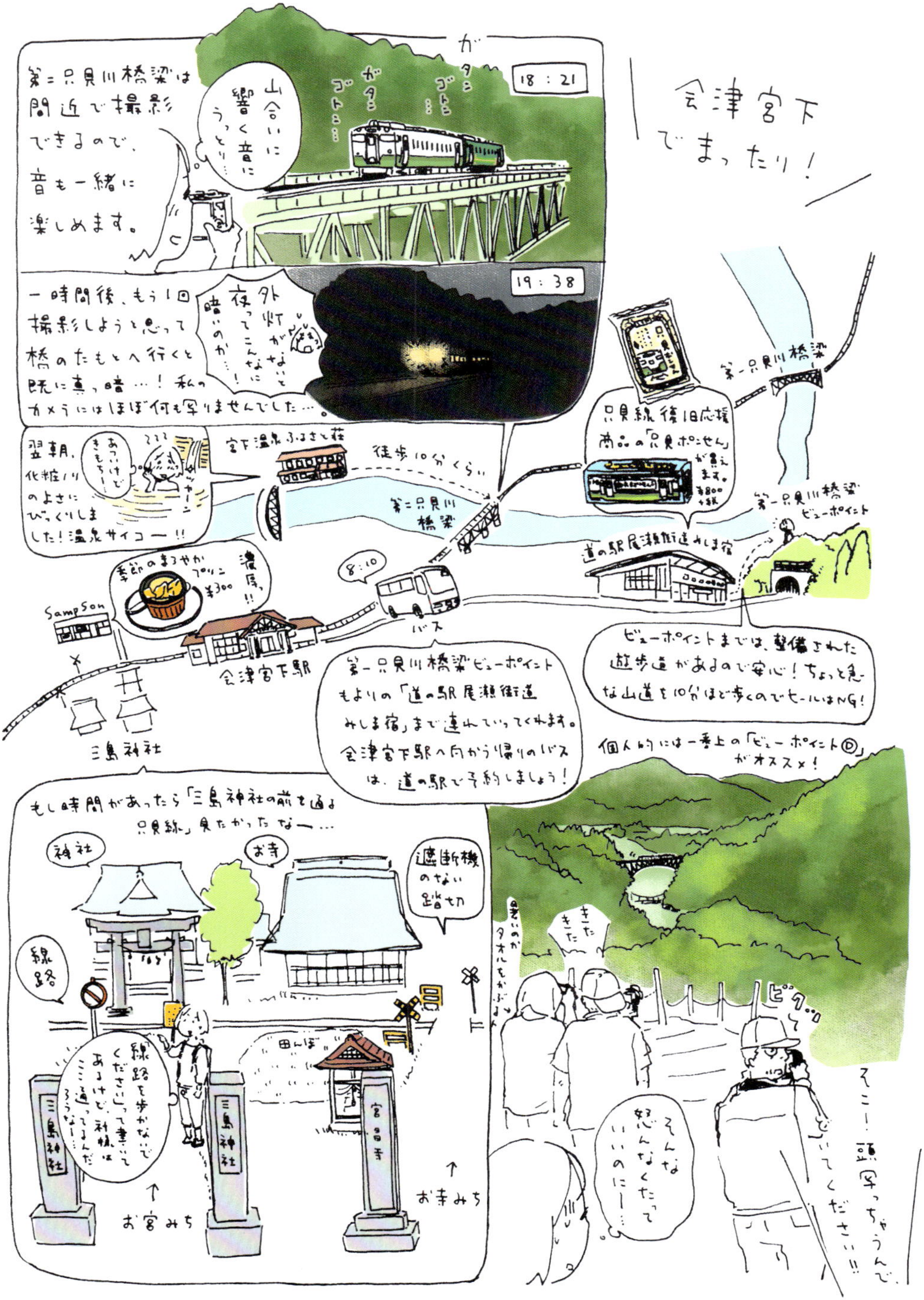

会津宮下でまったり！
第二只見川橋梁は間近で撮影できるので、音も一緒に楽しめます。
山合いに響く音にうっとり…
ガタンゴトン…
ガタンゴトン…
18：21
一時間後、もう1回撮影しようと思って橋のたもとへ行くと既に真っ暗…！私のカメラにはほぼ何も写りませんでした…。
外灯がないと夜ってこんなに暗いのか…！
19：38
翌朝、化粧ノリのよさにびっくりしました！温泉サイコー!!
あついけどきもちー！
宮下温泉ふるさと荘
徒歩10分くらい
第二只見川橋梁
季節のまろやかプリン ￥300
濃厚っ!!
Sampson
8：10
バス
会津宮下駅
三島神社
第一只見川橋梁ビューポイントもよりの「道の駅 尾瀬街道みしま宿」まで連れていってくれます。会津宮下駅へ向かう帰りのバスは、道の駅で予約しましょう！
只見線復旧応援商品の「只見ポンせん」が買えます。￥800+税
第一只見川橋梁
第一只見川橋梁ビューポイント
道の駅尾瀬街道みしま宿
ビューポイントまでは、整備された遊歩道があるので安心！ちょっと急な山道を10分ほど歩くのでヒールはNG！
個人的には一番上の「ビューポイントⒹ」がオススメ！
もし時間があったら「三島神社の前を通る只見線」見たかったなー…
神社
お寺
遮断機のない踏切
線路
田んぼ
線路を歩かないでください」って書いてあるけど、神様はここ通ってるんだろうなー…
三島神社
三島神社
お宮みち
お寺みち
暑いのかタオルをかぶるよ
きーたきーた
ピクっ
そんな怒んなくたっていいのにー…
そこー！頭写っちゃうんでどいてください!!

鶴ヶ城
残念
上まで登ってる
時間なさそう…
徒歩10分くらい
鶴ヶ城入口
ダブルで￥400
手作りジェラート工房
会津産の枝豆を使った「ずんだ」味がオススメ！
あかべぇで行ったので約25分
あかべぇ
まちなか周遊バスは、「ハイカラさん」と「あかべぇ」の2種類があり、内周りと外周りで運行。どちらも30分に1本なので、注意！
2時間半もあるからヨユーだと思ってたけど……意外とお城…駅から遠い…!?
ふたたびDASH!
周遊バスは他にも会津武家屋敷や白虎隊記念館など観光地をまわってくれます。
この人だけ妙に仕事モード
キッチリ
窓をあけて写真撮影を楽しむおじさま
美しい座り方
今日は土曜日なのもあってか、クロスシートもなんとなく埋まってます。
まもなく会津柳津に到着します。●●ツーリズムのみなさま、本日は只見線をご利用いただき、誠にありがとうございました。
↖実はこの人がガイドさんで、みなさん●●ツーリズムの御一行さまなのでした。
会津柳津から車内はまたちょっとさみしくなりました。
ここで途中下車！
14:21
川
13:00
会津若松
西若松
根岸
会津宮下
このあたり、右を見ても左を見ても田んぼがひろがっていて、あぜ道を走っているような気分になります。サギのような鳥が、電車に驚いて飛んで行きました。
バサアッ
駅の売店で「ソース ヒレカツ弁当」をゲット！
ラス1!
会津若松〜郡山の車内でいただきましたが、会津みそ入りのソースは想像していたよりもやさしい味で、パクパクいけました。
ソースは追加で足すことができます！
川を越えたあたりから急に住宅地になってきて、風景ががらりと変わります。
ずらっと家…！

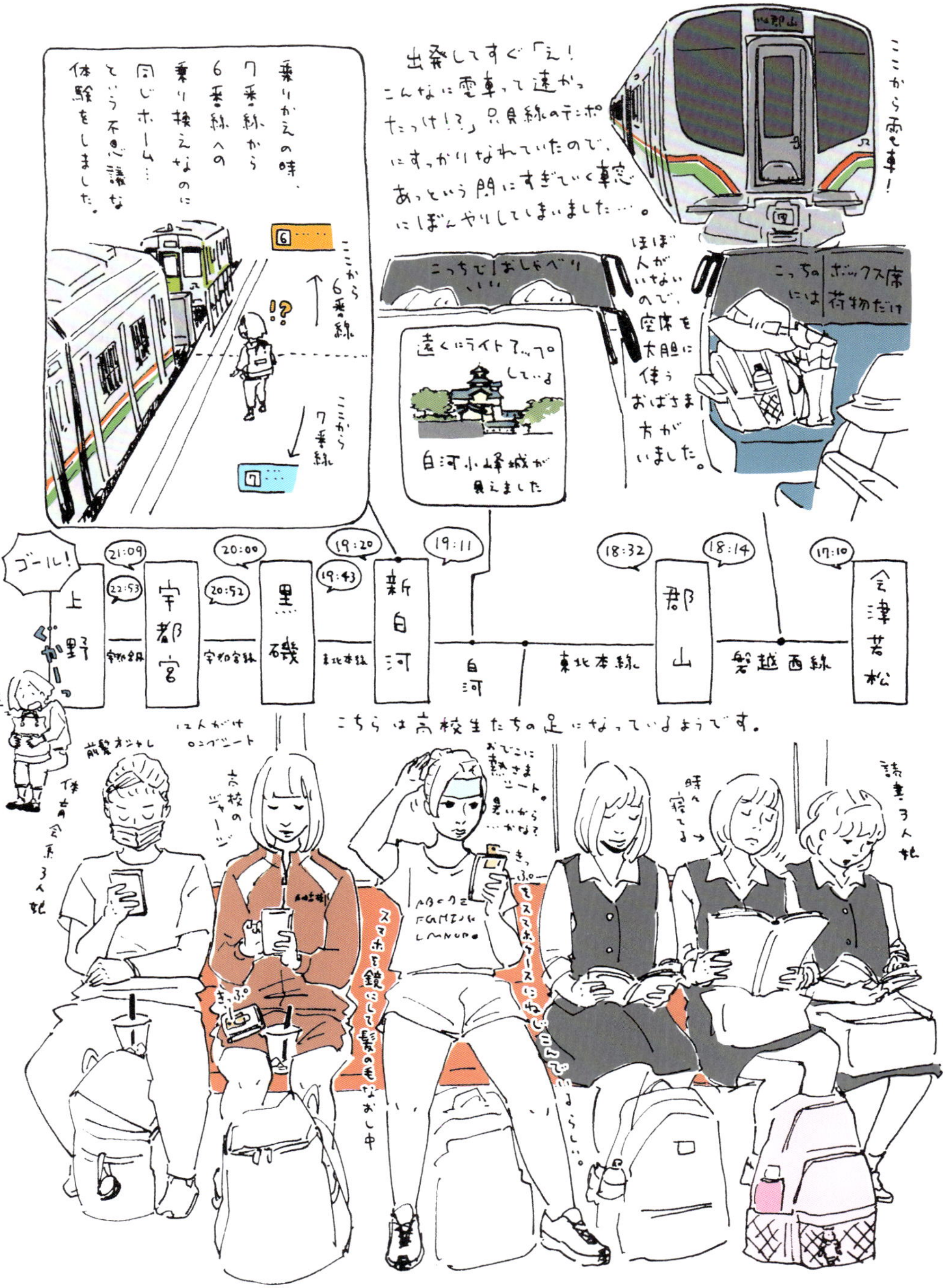

乗りかえの時、7番線から6番線への乗り換えなのに同じホーム…という不思議な体験をしました。
6
ここから6番線
!?
ここから7番線
7
出発してすぐ「え！こんなに電車って速かったっけ!?」只見線のテンポにすっかりなれていたので、あっという間にすぎていく車窓にぼんやりしてしまいました…。
ここから電車！
こっちでおしゃべり
ほぼ人がいないので、空席を大胆に使うおばさま方がいました。
こっちのボックス席には荷物だけ
遠くにライトアップしている
白河小峰城が見えました
ゴール！
21:09
22:53
20:00
20:52
19:20
19:43
19:11
18:32
18:14
17:10
上野
宇都宮
黒磯
新白河
白河
郡山
会津若松
宇都宮線
宇都宮線
東北本線
東北本線
磐越西線
ぐがー
こちらは高校生たちの足になっているようです。
にんがけ ロングシート
前髪オシャレ
体育会系3人組
高校のジャージ
おでこに熱さまシート。暑いから…かな？
きっぷ
時々寝てる→
読書3人組
スマホを鏡にして髪の毛なおし中
きっぷをスマホケースにねじこんでいるらしい…。

はじめての18きっぷで行く

富士山を仰ぎ見ながら信州善光寺へ

パワースポットめぐり

旅は好きだけど、青春18きっぷは使ったことがないという人も多いかもしれない。そこで旅好きイラストレーターの川瀬ホシナさんが、青春18きっぷの旅に初挑戦。東京を出発し、富士山本宮浅間大社や信州善光寺などのパワースポットをめぐった。

鉄道の旅は好きだけど、青春18きっぷって普通と快速しか乗れないから、移動に時間ばかりかかって疲れるだけでは…!?
と思って、今まで利用したことがありませんでした。

6:53発 **東京駅**

旅のスタートは東京駅から。乗り慣れた東海道線で終点の熱海まで移動します。この旅で唯一の太平洋側の路線。朝の清々しい海の風景も楽しみながら列車に揺られます。

東京~熱海

根府川《ねぶかわ》駅あたりで海が現れ、熱海駅まで真鶴《まなづる》半島の名勝・三ツ石が望める区間も。どんどん旅気分が盛り上がっていきました。

川瀬ホシナ

イラストレーター・まんが家。旅好きを生かして旅行・街歩きのイラストルポや風景イラスト、観光マップを中心に執筆している。東京メトロ「メトロガイド」の「東京探訪~東京の街・人・モノ巡り~」など連載多数。神社・レトロ建築が好物。

富士宮駅

富士山本宮浅間大社

熱海〜富士宮

沼津駅、富士駅と乗り換えが続き、ちょっと忙しい。
富士駅からは車窓に富士山が現れてうれしくなってきました。

一の鳥居から富士山がのぞけます

世界文化遺産に登録されている、富士山をご神体とする神社です。富士山の8合目まではこちら、8合目以上は奥宮の境内とか。雄大な富士山のエネルギーをいただけるパワースポットです。

私がデザインした東京・七社《ななしゃ》神社さんのご朱印帳を持参

富士山の雪どけ水が湧出している池。昔はこの泉でまず禊《みそぎ》をしてから、富士登山にのぞんでいたといいます。池の底が見えるほど透明で、富士山からやってくるこの水にはケガレを落とすパワーがあるのかも!? ここで手を洗わせていただきました。

お宮横丁

B級グルメの「富士宮やきそば」を食べるべく、神社前の「お宮横丁」へ。

デザートにスプーンで富士山の形を作りながら食べていく「富士山ジェラート」を購入。本物の富士山と見比べながら作ります！

富士宮～甲府

予定の列車に乗り遅れたら次は2時間後になってしまうので早めに駅へ到着。ホームで特急ふじかわを見送った後に普通列車に乗車。

富士山はここで見納めでした

静岡県富士山世界遺産センター

まるで逆さ富士のようなユニークな建物

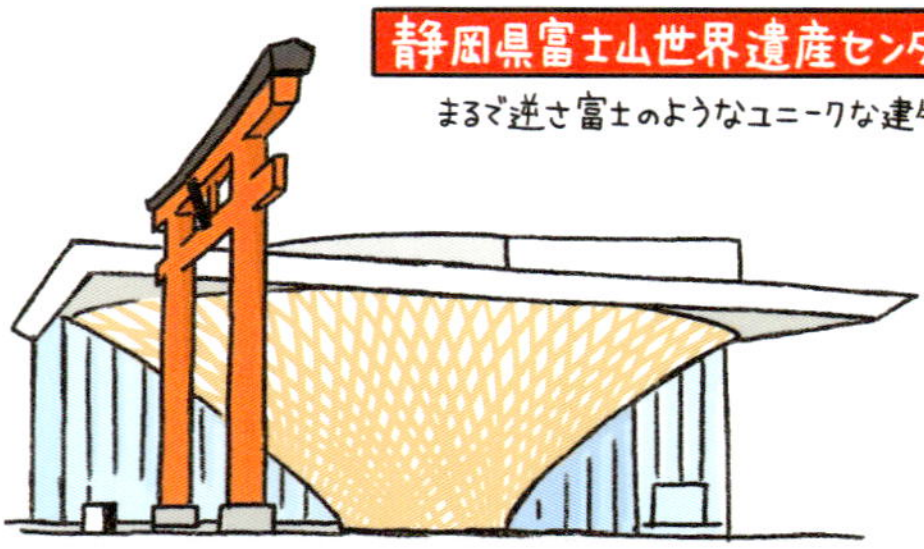

時間があったので一の鳥居脇に建っている建物に入ってみることに。展示施設かと思っていたら、ぐるぐるとスロープを上っていきながら、富士登山が擬似体験できる体感型施設でした。「頂上」の展望ホールからは富士山全体を真正面に見ることができ、美しいフォルムに感動～！

甲府駅

国指定
重要文化財

藤村《ふじむら》記念館

レトロ建築好きの私のお目当てはコレ！明治初期に建てられた睦沢《むつざわ》学校校舎。見学無料なのもうれしいです♪

乗り換え時間が27分あったので途中下車。足早に駅周辺の観光スポットを見てまわりました。

甲州夢小路《ゆめこうじ》

甲府城城下町を再現した通り。ショップや飲食店が入っていました。

甲府駅南口の武田信玄像。大きい！

かふふ驛《えき》ひろば

駅に戻って、ホームにある「かふふ驛ひろば」の遺構を見学したところでタイムアップ。駅前にある甲府城跡や甲府市歴史公園も散歩してみたかったけど…またの機会に！

甲府～松本

景色がどんどん山深くなっていきました。諏訪湖が少しだけ見えて長野県に入ったと実感。

松本駅

観光スポットは閉まっている時間のため、外から見物できるスポットをめぐります。

四柱神社

ご神徳の高い4柱の神様を主祭神として祀《まつ》っている神社。すべての願いが叶う「願いごとむすびの神」として有名。鈴を鳴らして、しっかりお願いごとをさせていただきました。

国宝松本城

五重六階の天守をもつ、名城！背景にアルプスの山々を従えている姿がとってもかっこよかったです。

旧開智《かいち》学校

旧司祭館

明治時代に建てられた重要文化財の洋館。外観鑑賞だけでも充分満足できました。

松本の街は小さな川や井戸が多く、水に恵まれた清々しい場所でした。駅に戻ったのは、次に乗る列車の発車15分前。駅構内の売店でおやきを買って、すいた小腹を満たし、本日の最終目的地、長野駅へ。

長野駅

地産の食べ物でエネルギーチャージ！長野の名物とビールで1日目の旅は終了です。

松本～長野

篠ノ井線には「日本三大車窓」のひとつ、「姨捨《おばすて》駅」があり、昼は棚田、夜は夜景が美しいというので楽しみにしていました。さらに、ここでスイッチバックが行われるため約3分間、駅で停車。

夜景の中を2度も走行してくれてうれしい～！

善光寺

長野駅

善光寺参りの醍醐味といえば、毎日早朝に行われる「お朝事《あさじ》」です。早起きをして善光寺へ向かうと、人が少しずつ集まってきました。

お目当ては…

お数珠《じゅず》頂戴

善光寺の住職さまが本堂を往復する際、参道にひざまずいた信者の頭を撫でて功徳《くどく》を授ける。

南無阿弥陀仏

私もお数珠を頂戴し、その後内陣での読経も聞かせていただきました。

お戒壇めぐり

真っ暗な回廊の中を壁をつたって手探りで進んで行きます。ご本尊の下にある「極楽の錠前」に触れると極楽往生が約束されるという。

私もチャレンジしてみたところ…
触った感覚ではタテに長いカギと思いました。
きっとこんな歩き方になってる

自分の手も何も見えず、壁から手を離してしまったら前も後ろも分からなくなるほどの暗闇。不安をおさえ、自分のペースでのろのろと進んでいき、「極楽の錠前」にさわれました！

ご朱印もいただきました

厄落とし絵馬

厄
厄除祈願
善光寺
厄

「厄」の文字を落として祈願。心もスッキリしそうです（笑）。

おそば

昼食は参道の手打ちそば店でざるそばを注文。のどごしなめらかでおいしい！

長野〜小諸

信越本線から、しなの鉄道に直通の列車に乗車。千曲川とともに小諸へ向かいました。

※しなの鉄道区間（篠ノ井〜小諸）は別途運賃980円が必要。

お土産

→2018年限定

特急あずさ缶　善光寺参り缶

「根元 八幡屋礒五郎」本店で限定七味を購入。有名だし、かさばらないから旅のお土産にいいですね。

懐古神社の
ご朱印

小諸駅

駅を出て、小諸城址の「懐古園」を見に行きました。中は展示施設や美術館があり、予想以上に見どころがたくさん。園外にある大手門などの史跡も見事です。

懐古園

HIGH RAIL 1375

小諸～小淵沢

いよいよこの旅のクライマックス！「観光列車HIGH RAIL 1375」に乗車して、八ヶ岳の山々を眺めながらJR最高地点1375mを走行！…ですが、この日はあいにくの雨。

星空や空に関する本が読めます！

2号車の「ギャラリーHIGH RAIL」ではドーム型天井に星空映像が映されています。

2号車 2列シートが並びます。

1号車 1人、2人用の展望シート

途中、中込駅で13分間停車。「プレゼントがあるのでホームへ」というアナウンスが入り、降りてみると…

晴れの日はこんな風景が見えるそうです

雨のため、車窓から山は全く見えず残念でしたが車内やおもてなしがとっても良かったのは印象的。

HIGH RAIL
チロルチョコとキャンディ

駅員さん達が記念撮影をしてくれて、お菓子をくれました。

晴れの日に、また乗りに来たい～…！

JR最高駅の野辺山駅でも停車。標識やHIGH RAIL 1375の顔出しパネルを撮る時間がありました。

小淵沢駅

HIGH RAIL 1375の夢の旅はここで終了。改札外・駅1階にあるMASAICHI本店へ名産品や駅弁を見に行きました。

小淵沢~東京

甲府、高尾で乗り換えをしながら東京駅をめざします。甲府駅の甲州夢小路」に立ち寄ってみたかったけど大人しく列車に揺られ、東京駅へ帰りました。

1日目

□は下車駅

6:53	東京	START!
8:15 8:17	小田原	根府川、真鶴の海の景色アリ。左側乗車!
8:40 8:47	熱海	駅弁の鯛めしが有名
9:06 9:12	沼津	車窓に富士山が現れる右側に乗車!
9:31 9:47	富士	駅弁 竹取物語が人気
10:05 12:39	[富士宮]	富士山本宮浅間大社、お宮横丁など観光✧ 富士宮やきそば弁当、鱒ずしの駅弁がある。
15:17 15:43	[甲府]	南口に武田信玄像。甲州夢小路に特産品が。 乗り換え26分。駅ホームの「かふふ驛ひろば」チェック!
17:31 19:14	[松本]	四柱神社、松本城レトロ建築をめぐる 駅弁 山賊焼き弁当。駅舎に土産物屋充実。 姨捨駅でスイッチバック。日本三大車窓。
20:27	[長野]	

2日目

□は下車駅

11:43	長野	しなの鉄道直通。小諸で運賃980円を精算。
12:49 14:33	[小諸]	小諸城址「懐古園」に懐古神社あり。史跡多数。
HIGH RAIL 1375		野辺山駅～清里駅間がJR最高地点1375m
16:56 17:23	[小淵沢]	駅の上に展望台、1Fに駅弁・名産品ショップ。
19:44 19:45	高尾	中央特快東京行き乗車。
20:42	東京	GOAL!

Plan data プランデータ

難易度	★★★☆☆
乗車距離	660.5km (JR)
普通運賃換算	11,970円

18きっぷを2回使用すると **7,150円お得!**

東京駅

追記:18きっぷの旅は「お尻が痛くなる」と聞いていましたが全然大丈夫でした!

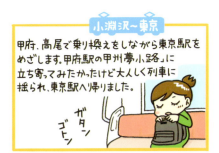

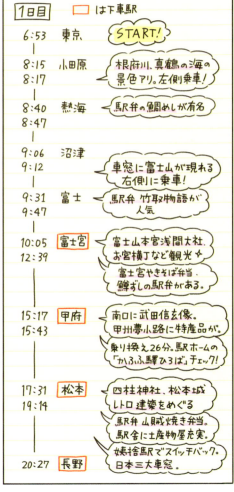

青春18きっぷでめぐる

旅のスポット

普通列車や快速列車を乗り継ぎ、
自分好みの旅が楽しめる青春18きっぷの旅。
追加料金で乗れる全国の観光列車や、
空き時間を有効に使える駅チカ観光スポット、
旅の達人が教えるニッチな情報など、
旅のプランに役立つ情報をお届け！

青春18きっぷで
乗れる

観光列車

指定席券を購入すれば、青春18きっぷで乗車できる列車は数多くある。
風光明媚な景観が楽しめる観光列車や開放感のあるトロッコ列車、
パワフルに走るSLなど、一味違った列車を紹介しよう。

文／嘉屋剛史

※新型コロナウイルスの影響より、列車の運行状況や時刻、内容等が
変更になる可能性があります。お出かけ前に最新情報をご確認ください。

リゾート列車編

東北　青い森鉄道・大湊線、山田線

リゾートあすなろ下北《しもきた》 ●八戸～大湊

さんりくトレイン宮古《みやこ》 ●盛岡～宮古

列車はハイブリッド型気動車のHB-E300で、青森の県木・青森ヒバの別名「あすなろ」が名前の由来。青森県と岩手県の豊かな自然の中を運行している。

全車指定席　530円

※「リゾートあすなろ下北」の青い森鉄道乗り入れ区間は、途中下車不可

東北　大船渡線

POKÉMON with YOU トレイン（ポケモントレイン気仙沼《けせんぬま》号）

●一ノ関～気仙沼

ピカチュウをイメージしたデザインを車両全体に施したポケモン列車。2両編成で2号車はプレイルーム。

全車指定席　530円

東北　五能線・奥羽本線

リゾートしらかみ・五能線《ごのうせん》クルージングトレイン

●秋田～弘前・青森

雄大な白神山地や日本海の絶景が堪能できる列車。リゾートしらかみの車両には、「青池」「くまげら」「橅《ぶな》」の3種類があり、運転室後部に設けられた展望室から前面展望も楽しめる。

全車指定席　530円

東北　東北本線

ジパング平泉《ひらいずみ》

●盛岡〜一ノ関

世界文化遺産「平泉」へ向かう列車。日本画をイメージした墨・ねずみ色・金色のカラーリングが特徴的。

一部指定席　530円

東北・甲信越　白新線・羽越本線

海里《かいり》

●新潟～酒田

日本海沿いの羽越本線を走る列車。新潟県や山形県庄内地方の豊かな「海」や「里」が堪能できる食事や景色が魅力。

全車指定席　840円

甲信越　えちごトキめき鉄道
妙高はねうまライン・信越本線・上越線・飯山線

越乃《こしの》 Shu*Kura

●上越妙高～十日町

ゆざわ Shu*Kura

●上越妙高～越後湯沢

柳都《りゅうと》 Shu*Kura

●上越妙高～新潟

新潟の地酒と食材をコンセプトに、伝統色の藍下黒《あいしたくろ》に白を組み合わせた列車。3両編成の3号車が座席指定車で、行き先によって名称を変えて運行。

全車指定席　530円

※えちごトキめき鉄道妙高はねうまラインに乗り入れる区間は、別途運賃が必要

甲信越　飯山線

おいこっと

●長野～十日町

ふるさと(田舎)をイメージした外観と、古民家風の内装が特徴の列車。千曲《ちくま》川沿いの里山の景色を見ながらゆったりとした時間が過ごせる。

全車指定席　530円

※北しなの鉄道北しなの線に乗り入れる区間は、別途運賃が必要

甲信越 信越本線・篠ノ井線・大糸線

リゾートビュー ふるさと

●長野～南小谷

ナイトビュー姨捨《おばすて》

●長野～姨捨

姨捨駅の善光寺平（長野盆地）の絶景や北アルプスの大パノラマが堪能できる。「ナイトビュー姨捨」の復路では、夜景が見やすくなるよう車内の照明が暗くなるサービスも。

全車指定席　530円

甲信越 小海線

HIGH RAIL 1375
HIGH RAIL 星空

●小淵沢～小諸

JR線で日本一標高の高い地点（標高1375m）を走る。夜間に運行する「HIGH RAIL 星空」では、野辺山駅で星空観察会が開催される。

全車指定席　840円

※2021年の「星空観察会」開催は未定

北陸　城端線・氷見線

ベル・モンターニュ・エ・メール 〜べるもんた〜

●城端線：高岡〜城端
氷見線：新高岡〜氷見

列車名はフランス語の「美しい山と海」で、城端《じょうはな》線・氷見《ひみ》線の自然豊かな車窓を表している。車内の地元の伝統工芸品イメージした装飾物が特徴的。

全車指定席　530円

関東　高崎線・上越線・吾妻線

リゾートやまどり

四万温泉《しまおんせん》やまどり

●大宮〜中之条

たんばらラベンダー号

●上野〜沼田

列車は、群馬県の鳥「ヤマドリ」をイメージしたデザイン。「四万温泉やまどり」の沿線には温泉地が点在し、温泉旅行におすすめ。

全車指定席　530円

日光へ向かう観光列車は指定席券なしで乗れる

関東　日光線

いろは

●宇都宮〜日光

2018年から運行開始。花模様のシートや木製の吊り革などレトロ感あふれる内装で、大型の荷物置き場も用意されている。

※全車自由席

中国 山陽本線・山陰本線

○○《まるまる》のはなし

●新下関～東萩

萩、長門、下関の歴史と文化をたどる旅の意味を込めて、3市の頭文字「はなし」からネーミング。２両編成で、車内は1号車を和風、2号車を洋風にデザインしている。

全車指定席　530円

北海道　釧網本線

くしろ湿原《しつげん》ノロッコ号

●釧路～塘路

広大な釧路湿原の中をのんびりと走る。湿原内の見どころでは列車が減速し、車内アナウンスによるガイドが行われる。

一部指定席　530円

トロッコ列車編

北海道　富良野線

富良野《ふらの》・美瑛《びえい》ノロッコ号

●富良野～美瑛・旭川

ラベンダー咲き乱れる富良野・美瑛の丘や十勝岳連峰の山並みを眺めながらの列車旅。指定席1両、自由席2両の3両編成で運行。

一部指定席　530円

四国　予土線

しまんトロッコ

●窪川～宇和島

清流・四万十《しまんと》川の流れに沿うように走る。トラ45000形を改造した山吹色のトロッコ車両に出られるのは江川崎～土佐大正間のみ。　全車指定席　530円

※土佐くろしお鉄道中村線に乗り入れる窪川～若井間は、別途運賃が必要

指定席券なしで乗れる予土線の観光列車

四国　予土線

海洋堂《かいようどう》ホビートレイン
鉄道《てつどう》ホビートレイン

●窪川～宇和島

新幹線0系を模したキハ32形「鉄道ホビートレイン」と車内に海洋堂のフィギュアを展示する「海洋堂ホビートレイン」。遊び心があふれる楽しい列車。　※全車自由席

中国　木次線

奥出雲《おくいずも》おろち号

●木次～備後落合

青と白の車体に星を散りばめた2両編成のトロッコ列車。車内は木製の座席やランプ風の照明などレトロ感満載。

全車指定席　530円

SL列車編

東北　釜石線

SL銀河《ぎんが》

●花巻～釜石

「銀河鉄道の夜」に登場する星座や動物が描かれた4両の客車をC58形蒸気機関車239号機が牽引。車内には宮沢賢治ギャラリーやプラネタリウムを設置。

全車指定席　840円

東北　磐越西線

SLばんえつ物語《ものがたり》

●新津～会津若松

7両編成の客車を牽引するのは1999（平成11）年に復活を遂げたC57形180号機。子供が遊べる「オコジョルーム」やパノラマ展望室なども設けられている。

全車指定席　530円

※青春18きっぷでのグリーン車利用は不可

関東　上越線・信越本線

SLぐんま みなかみ

●高崎～水上

SLぐんま よこかわ

●高崎～横川

C61形、またはD51形蒸気機関車が牽引。旧型客車は、昭和初期の製造当時をイメージした木目調の雰囲気にリニューアルし、ラウンジカーも新設した。

全車指定席　530円

関西　北陸本線

SL北《きた》びわこ号

●米原～木ノ本

5両編成の12系客車をD51形200号機が牽引。小谷城跡や長浜などの歴史観光スポットのエリアを快走する。

全車指定席　530円

※2021年の運行は未定

中国　山口線

SL「やまぐち」号

●新山口～津和野

C57形1号機が5両の客車を牽引し、約2時間かけて運行。D51形200号機を連結して運転する「重連運転」の日もある。

全車指定席　530円

※青春18きっぷでのグリーン車利用は不可

※2021年9月まで、ディーゼル機関車（DL）牽引のDL「やまぐち」号として運行

JR駅ナカ・駅チカ

温泉ガイド

駅からすぐ、ところによっては駅と同居している温泉施設をご紹介。
ちょっと途中下車をして、次の電車まで足を伸ばしてリラックス。
小休止の時間も旅のプランに加えたい。

文／若井 憲（P.128〜143）

北海道　函館本線ニセコ駅　1分

ニセコ駅前温泉 綺羅乃湯《きらのゆ》

駅前の日帰り温泉施設

御影石の露天風呂と洋風大浴場、岩の露天風呂と和風大浴場とあり、男・女で毎日入れ替わる。泉質はナトリウム－塩化物・炭酸水素塩泉。列車の待ち時間に「ちょっとひと風呂！」にもいい。

岩手県　北上線ほっとゆだ駅　0分

ほっとゆだ

駅ナカ温泉では老舗

とんがり屋根の時計台がついた木造の駅舎の中にある温泉。列車を乗り過ごさないように、大浴場には信号機があり、その色で列車の接近を知らせる。泉質はナトリウム・カルシウム－硫酸塩・塩化物泉。

宮城県　石巻線女川駅　0分

女川《おながわ》温泉
ゆぽっぽ

写真提供／宮城県観光課

震災を乗り越えた源泉

町の復興のシンボルとして2015年に誕生した女川駅舎。ウミネコが羽ばたく姿をイメージしたその2階に温泉がある。泉質はカルシウム・ナトリウム-塩化物泉で、肌がつるつる・すべすべになる。

山形県　奥羽本線高畠駅　0分

高畠町太陽館

充実した設備の駅ナカ温泉

童話作家・浜田広介のふるさとをイメージし、メルヘンチックな外観の高畠駅。駅舎内には温泉のほかに、レストランや物産店もあり、ホテルも隣接。泉質はアルカリ性単純温泉で、広々とした浴場が人気。

長野県　飯田線平岡駅　0分

龍泉の湯

山奥ののどかな駅にある

2階には平岡駅があり、ホテルやレストランなどからなる「ふれあいステーション龍泉閣」の4階に設けられた温泉。村内にある天龍温泉おきよめの湯のお湯を運搬。泉質はアルカリ性単純温泉。

新潟県 飯山線津南駅　0分

リバーサイド津南

山の中の温泉がある駅

秘境「秋山郷」の玄関口となる駅の２階にあり、山と田んぼに囲まれ、のどかな風景の中を走る列車を眺めながら、ゆったりと入浴できるのがうれしい。泉質は単純温泉。サウナもある。

新潟県 上越線越後湯沢駅　0分

ぽんしゅ館
酒風呂 湯の沢

旅の疲れを癒してくれる

単純温泉に浴用の日本酒を加えた、ほのかにお酒の香りが漂うお湯。これが駅構内で楽しめるというのだから、さすが酒どころ新潟。酒風呂以外に、新潟県内全酒蔵の酒を味わえる「唎酒《ききざけ》番所」などもある。

和歌山県 紀勢本線那智駅　0分

那智駅交流センター
丹敷《にしき》の湯

窓のすぐ下を列車が走り抜ける

朱塗りの社殿風の駅舎にある町営の温泉公衆浴場。２階にある浴場からは那智湾が一望できる。観光パンフレットなどが置かれたふれあい広場もあり、南紀熊野観光の拠点となる施設。泉質は単純温泉。

写真提供／那智勝浦町

静岡県 伊東線伊東駅　2分

湯川第一浴場
子持湯

名湯のお湯を駅チカで楽しめる

伊東の街中には、低料金で入浴できる温泉共同浴場が点在している。その中でも一番伊東駅に近い温泉がここ。昔ながらのレトロなたたずまいで、地元の暮らしに根付いた存在だ。泉質は単純温泉。

愛媛県　予土線松丸駅　0分

森の国
ぽっぽ温泉

ひなびた里山の駅に併設

駅舎内にあり、２種類の浴場は日替わりで男女入れ替わる。家族風呂や休憩室もある。泉質は単純温泉。冷鉱泉のため、薪でお湯を沸かしていて、その燃料には松野町内の間伐材が使われている。

兵庫県　山陰本線城崎温泉駅　0分

駅舎温泉
さとの湯

湯の町の駅にある温泉

城崎《きのさき》温泉といえば７つの外湯めぐりが人気。その一つが駅舎にあるこの温泉。城崎らしい風情にエキゾチックさをプラス。円山川を一望できる露天風呂もある。泉質はナトリウム・カルシウム–塩化物・高温泉。

大分県　久大本線由布院駅　7分

乙丸温泉館

人気の温泉地の共同浴場

由布院駅から一番近い温泉共同浴場。そのため、地元の人はもちろん、観光客にも親しまれている。泉質は単純温泉。館内には薬師如来が祀《まつ》られており、入浴料はその賽《さい》銭《せん》箱に入れる。

写真提供／由布市

大分県　日豊本線別府駅　2分

駅前高等温泉

大正ロマン漂う洋館が目を引く

その名の通り別府の駅前にあり、昔からのスタイルを今に残す温泉浴場。中に入ると「あつ湯」と「ぬる湯」の２種類に分かれ、どちらかを選ぶシステムになっている。レトロな浴室もいい雰囲気。

JR駅チカ

市場大集合

売り手との会話を楽しみながら新鮮な食材や
珍しい食材に出合え、リーズナブルに買い物ができるのが
魅力の市場。新鮮な食材をその場で食べられる
市場グルメも楽しみだ。

北海道　根室本線釧路駅　5分

釧路和《わ》商《しょう》市場

道東のうまいものが一堂に

1954年に誕生した歴史のある市場。鮮魚をはじめ、塩干、青果、精肉、飲食など、50軒近くの店が並ぶ。ここの名物は何と言っても「勝手丼」。市場内の店で自分の好きなネタを選んで、自分だけの丼が作れる。

北海道　函館本線函館駅　1分

函館朝市

北海道の旬で満腹になろう

戦後すぐの野菜の立ち売りがルーツ。連合会加盟の約150店舗を中心に、塩干物、青果物、鮮魚、日用雑貨など、扱うものは多岐にわたる。どんぶり横丁市場をはじめ、旬のうまいものが食べられる食堂も充実。

青森県　八戸線陸奥湊駅　1分

陸《む》奥《つ》湊《みなと》駅前
朝市

これぞローカル市場の極み

早朝からイサバのカッチャ(魚売りのお母さん)の方言が飛び交い、素朴な雰囲気が楽しい。好みのおかずを買って、八戸市営魚菜小売市場内でご飯とみそ汁も買えば、オリジナルの朝市ごはんが完成だ。

宮城県　仙石線東塩釜駅　15分

塩釜水産物
仲卸市場

プロ御用達の卸売市場

金華山沖のマグロをはじめ、鮮度抜群の三陸沖の豊かな魚介類が所狭しと並ぶ。一般客でも卸値で購入できるのがうれしい。食べたいと思った食材で「マイ海鮮丼」を作ったり、場内の炉で焼いたりも。

千葉県　外房線勝浦駅　10分

勝浦朝市

写真提供／勝浦市観光協会

400年以上続く素朴な朝市

輪島朝市(石川県)、飛騨高山の朝市(岐阜県)とともに日本三大朝市の一つに数えられ、領主が開設したのが起源と言われる。交通量の増加に伴い、開催場所を月の前半と後半で分けて行っている。

岐阜県　高山本線高山駅　10分

飛騨高山の朝市

お店の人との会話も楽しい

江戸時代の市に始まり、明治の中頃からは農家の奥さんらが野菜などを並べるようになった。朝市は陣屋前広場と宮川沿いの2カ所で毎朝開かれる。地元のおばさんたちが話す高山ことばにも耳を傾けたい。

写真提供／高山市

石川県　北陸本線金沢駅　15分

近江町市場

ここは食いしん坊の聖地

何でもおいしいものが揃《そろ》うと言われる金沢。その中心となる存在。約300年の歴史があり、180店ほどの店が集まる。店先では、つまみ食い感覚でいろいろな旬のものを食べることができ、旅行者にも大人気。

岡山県　赤穂線日生駅　10分

日生《ひなせ》町漁協・五味《ごみ》の市

土日は屋台も並んで賑わう

水揚げされたばかりの魚介を漁師のおかみさんたちが威勢よく売りさばく市場。向かいにある「海の駅しおじ」には持ち込みOKのバーベキューコーナーもあり、五味の市とあわせて楽しみたい。

写真提供／日生町漁業協同組合

和歌山県　紀勢本線紀伊勝浦駅　5分

勝浦漁港にぎわい市場

勝浦漁港にある市場

生マグロの水揚げ日本一を誇る勝浦漁港にあり、自慢のマグロ料理をはじめとした飲食、地元でとれた新鮮な野菜や海産物の直売など。潮風に吹かれながら食事が楽しめるウッドデッキスペースもある。

山口県　山陽本線下関駅　35分

唐《から》戸《と》市場

熱気あふれる関門の台所

フグをはじめ、旬の新鮮な魚介や農産物の販売など。複合商業施設や水族館が隣接し、下関の新観光名所になっている。週末には人気の飲食イベントも開催。下関駅から約2キロ。バスで行くこともできる。

鳥取県　境線境港駅　30分

境港水産物直売センター

境港で水揚げされた旬の魚

松葉ガニやマグロなど、日本有数の水揚げを誇る境港で、鮮魚店が集まる直売センター。その日に水揚げされた魚が並ぶ。境港駅前から続く、「水木しげるロード」を散策しながら向かうのがおすすめ。

福岡県　鹿児島本線小倉駅　10分

旦《たん》過《が》市場

活気あふれる北九州の台所

市街地のど真ん中にあり、アーケードには魚、野菜、肉を中心にたくさんの店が連なる。小倉名物のぬか炊きや、クジラ肉を扱う店もある。市場で売られている好みの具材を載っけて作る「大學丼」も人気だ。

高知県　土讃線土佐久礼駅　7分

久《く》礼《れ》大正町《たいしょうまち》市場

カツオを食べるならここへ!

明治時代に漁師のおかみさんたちが魚を売りはじめたのが起こり。鮮魚や青果、飲食店などが続くアーケードに、魚や干物などを売る露店も出る。カツオで有名な町だけに、自慢のカツオ料理が豊富だ。

JR駅チカ

お城訪問

地元の歴史や文化が凝縮されたお城は
その土地を訪れたならぜひとも行きたいスポット。
乗り換えまで時間が空いた時に気軽に行くことができる、
駅から歩いて行ける全国の名城を紹介。

北海道　函館本線五稜郭駅　35分

五稜郭

幕末の緊迫した歴史を感じる

日本で最初に作られた西洋式城郭。旧幕府軍と新政府軍が激しい戦闘を繰り広げた箱館戦争の舞台としても有名。国の特別史跡に指定。日本100名城。五稜郭タワーに上ると星形の城郭がよくわかる。

福島県　東北本線白河駅　5分

白河小峰城

木造で忠実に再現された三重櫓

奥州の玄関口・白河の小峰ヶ岡という丘陵にあった平山城。戊辰戦争で落城後、約120年の時を経て、三重櫓とそれに続き前御門が江戸時代の絵図を基に忠実に復元された。国指定史跡、日本100名城。

長野県　篠ノ井線松本駅　15分

松本城

国宝の天守がそびえる名城

大天守と乾小天守などで形成される天守群となった連結複合式の天守。戦国時代の1504年に造られた深志城が始まりとされ、現存する12天守の中では唯一の平城。時を経たものだけがもつ重厚感が印象的。

長野県　小海線小諸駅　5分

小諸城

城下町より本丸が低い穴城

大手門（国重文）をくぐり、ゆるやかな坂を下って、三の門（同）から先は有料ゾーンの「懐古園」となり、二の丸跡、本丸跡へ。地形を巧みに利用した縄張り（城の設計）に注目。日本100名城。

愛知県　高山本線鵜沼駅　30分

犬山城

国宝の天守は日本最古の様式

1537年に、木曽川のほとりの小高い山の上に建てられた犬山城。天守最上階からの眺めは素晴らしい。戦国合戦の舞台となったこの城で、幾多の武将たちが眺めた景色をじっくり楽しみたい。

大阪府 大阪環状線大阪城公園駅　15分

大阪城

一度は行きたい大阪のシンボル

1931年に完成した復興天守は国の登録有形文化財で、内部は豊臣秀吉や大坂夏の陣に関する紹介などを行う博物館「大阪城天守閣」となっている。8階の展望台からは大阪の街を一望。国の特別史跡。

滋賀県 東海道本線彦根駅　15分

彦根城

ひこにゃんにも毎日会える

江戸時代以前に建築された現存する天守12のうち、国宝となっている5つの一つ。天守をはじめ、各櫓、下屋敷の庭園である玄宮園、内堀・中堀など、当時の姿がよく残っている。国の特別史跡。

広島県 山陽本線福山駅　5分

福山城

ホームから天守が間近に

福山駅の隣にある福山城。実は駅があるのはかつての城の三の丸あたり。天守は福山大空襲で焼失したが、1966年に復興され、内部は博物館に。焼失を逃れた伏見櫓、筋鉄御門は国の重要文化財。日本100名城。

兵庫県 山陽本線姫路駅　20分

姫路城

国宝で世界文化遺産の名城

その優美な姿から「白鷺《しらさぎ》城」とも呼ばれるこの城は、建てられてから400年を経た今も、全く色あせていない。天守以外にも櫓など主要建造物が現存し、国宝や重要文化財に指定。国の特別史跡でもある。

愛媛県　予讃線松山駅　徒歩30分
（県庁裏登城道入口）

松山城

現存天守がある伊予の名城

現存天守12の１つ。21棟もの国の重要文化財があり、日本100名城にも。松山駅からのアクセスは通常、路面電車で約10分の「大街道」から徒歩5分のロープウェイ・リフトを使うのが一般的。

香川県　予讃線丸亀駅　10分

丸亀城

高くそびえる石垣がシンボル

標高約66メートルの亀山に築かれた平山城。天守は1660年に完成し、全国に12しかない現存天守の一つで、国の重要文化財。上に行くほど垂直に近づく、「扇の勾配」と呼ばれる石垣の曲線が美しい。

高知県　土讃線入明駅　20分

高知城

高知市街を見下ろす優美な現存天守

山内一豊により創建され、400年余りの歴史がある。天守や御殿をはじめ、本丸の建物が完全に残っている城はここだけ。往時の城郭の様子がわかる。15棟が国の重要文化財。国の史跡でもある。

愛媛県　予讃線宇和島駅　25分

宇和島城

堂々とした現存天守がある

築城の名手・藤堂高虎が縄張りした城。天守はその後、伊達氏が1671年に建て替えたものと言われる現存天守で、国の重要文化財。かつては2辺は海に、3辺は城堀に囲まれた五角形の城郭だった。

JR駅チカ

パワースポット

いつもと違う風景に触れる旅は精神的に
良い効果があるという。その効果をもっと強くするために、
パワーがもらえると評判の、駅から歩いて
アクセスできるスポットに立ち寄ろう。

北海道　富良野線美瑛駅　20分

美瑛《びえい》神社

縁結びを祈願するならここ

境内のそこかしこにハートマークがあり、探すほど恋愛運が上昇すると人気。御朱印やお守りも注目だ。「白ひげの滝」と「青い池」とあわせて、美瑛のパワースポットめぐりはいかが？

茨城県　鹿島線鹿島神宮駅　10分

鹿島神宮

人生の転換期に訪れたい

創建は紀元前660年と伝わり、とても長い歴史をもつ。開運、勝負事にご利益があると言われ、最強のパワースポットという声も。境内には広大な樹叢があり、奥宮に向かう奥参道は厳か。

神奈川県 相模線宮山駅　5分

寒川神社

全国唯一、八方除の御神徳

全国唯一の八方除の守護神として信仰されてきた。八方除とは地相・家相・方位・日柄などに起因する全ての禍事・災難を取り除いてくれること。古くは源頼朝、武田信玄、徳川家代々、近年は芸能人なども。

新潟県 弥彦線弥彦駅　15分

彌彦《いやひこ》神社

仕事運向上にご利益あり

地元では､「おやひこさま」と呼ばれ、万葉集にも登場する越後国の一宮。深い杜に覆われた厳かな境内で、参拝には独特なルールがある。弥彦観光協会では「弥彦パワースポット巡りツアー」(有料)も実施。

新潟県 大糸線根知駅　15分

フォッサマグナパーク

本州を二分した力を感じる

地質とパワースポットとの関係の中でも注目されるのがフォッサマグナ。ここでは、その西縁に当たる糸魚川―静岡構造線の断層を目の当たりにすることができる。大地からエネルギーがもらえるかも。

福井県　北陸本線敦賀駅　15分

氣《け》比《ひ》神宮

海と陸の交通の要衝にある

北陸道総鎮守。高さ10.9メートルの大鳥居は、日本三大木造鳥居の一つで重要文化財。1945年の敦賀大空襲では、この鳥居のみが焼失を免れた。境内には「長命水」と呼ばれる湧き水がある。

福井県　小浜線上中駅　15分

瓜割の滝

夏でも涼しい癒しスポット

滝と呼ぶには落差は小さいが、あふれ出すように流れる豊富な水に圧倒される。夏でも水は冷たく、ところどころの岩に付着している貴重な赤い藻にも注目。水は汲んで帰ることもできる(有料)。

三重県　参宮線二見浦駅　15分

夫婦岩

縁結び、夫婦円満にご利益

沖合に鎮《しず》まる興玉神石と日の出を遙拝する鳥居とみなされる夫婦岩。男岩は高さ9メートル、女岩は高さ4メートル。興玉神石を拝する二見興玉神社で禊をしてから、伊勢神宮へ向かうのが古くからの習わし。

静岡県　身延線富士宮駅　10分

富士山本宮《ほんぐう》浅間《せんげん》大社

富士山をご神体として祀る

全国に約1300社ある浅間神社の総本宮で、駿河国の一宮。富士山頂に奥宮が鎮座する。富士信仰の中心地であり、世界文化遺産にも登録。境内の「湧玉池」はパワースポットとして知られる。

広島県　JR西日本宮島フェリー
宮島フェリーターミナル　15分

嚴島神社《いつくしま》

世界遺産で日本屈指の名社

潮が満ちてくると回廊で結ばれた社殿が海に浮かんでいるように見える。国宝6棟と重要文化財11棟3基の建造物がある。シンボルの朱塗りの大鳥居は、大規模な保存修理工事中（詳細は神社HPを参照）。

京都府　奈良線稲荷駅　1分

伏見稲荷大社

時間をかけてお山めぐりも

全国に3万社ある「お稲荷さん」の総本宮。商売繁盛、家内安全などの守護神として信仰を集める。霊峰・稲荷山全体を神域とし、奉納された朱の鳥居がずらりと並ぶ参道の様子は、海外でも有名に。

鹿児島県　指宿枕崎線頴娃《えい》大川駅　15分

射楯兵主《いたてつわものぬし》神社
（釜蓋《かまふた》神社）

勝負事、開運にご利益

入り江の岩礁が突き出た所に鎮座し、スサノオノミコトを祀る。釜の蓋《ふた》を頭に載せて、鳥居から拝殿まで落とさずに行くことができれば願いが叶うと言われる。大海原と開《かい》聞《もん》岳を望む絶景ポイントもある。

宮崎県　日南線青島駅　20分

青島神社

ビロウ樹に覆われた恋の島

南国リゾート気分も味わえる、恋愛のパワースポットとして女性に大人気。国の天然記念物の鬼の洗濯板、国の特別天然記念物の亜熱帯性植物群落も必見。かわいいお守りや珍しい神事もいっぱい。

鉄道旅の達人が教える

駅チカスポット

タビテツでおなじみの
鉄道タレント、カメラマン、ライターと、
鉄道旅と「青春18きっぷ」を愛する
鉄道旅の達人がおすすめする、
旅のスポットを一挙に紹介しよう！

旅のスポット編

道東の観光路線でひと休み

町役場等の行政施設が集まり、駅周辺に弟子屈《てしかが》町の中心街が広がる釧網本線摩周駅。洋館風の駅舎が建つかたわらでは源泉かけ流しの足湯「ぽっぽ湯」が湯気を立ち昇らせる。盛夏でも湿原から吹く涼風は心地よく、温かい湯が長い汽車旅でむくみがちの足をほぐしてくれるだろう。また駅舎内には飲める温泉が引き込まれている。

（鉄道カメラマン・牧野和人）

スースーする駅

石北本線北見駅は、特急列車が停まる際に名産のハッカ油をスプレーでまいてお客さんを迎えるため、駅全体がスースーした爽やかさに包まれます。売店ではハッカを使用したクリームや入浴剤などのお土産がずらっと並びます。

（鉄旅タレント・木村裕子）

駅チカの日帰り温泉

奥羽本線大鰐《おおわに》温泉駅からすぐ（弘南鉄道大鰐駅からもアクセス可能）の「大鰐町地域交流センター　鰐ｃｏｍｅ（ワニカム）」は５００円で入浴できる日帰り温泉（9時～22時）をはじめ、食事処（11時～15時）や土産物の販売まで至れり尽くせりの施設。

（鉄道カメラマン・松尾　諭）

震災復興の町であの日を思う

東日本大震災の後、高台に線路を移設開業した仙石線野蒜《のびる》駅。新たに開発された野蒜ケ丘の中心駅ですが、ホームの眼下には被災した旧市街と海が広がります。とりわけ目に入るのは旧野蒜駅（現・東松島市震災復興伝承館）。見下ろしながら〝あの日〟を思うのもいいかもしれません。野蒜駅徒歩2分のところに観光施設「奥松島イートプラザ」あり。

（鉄道イラストレーター・松原一己）

駅の至近に名湯あり

東北の名湯、鳴子温泉の最寄り駅は陸羽東線の鳴子温泉。湯の香漂う共同浴場までは駅前から２００mほどの距離で、1時間に1本程度で運転している列車の合間に入浴できる。また、駅舎内には無料の足湯があり、つかの間の温泉気分を味わうこともできる。壁面には鳴子温泉内の旅館、ホテルの名と各温泉の効能等を記載した木札が立て掛けられている。

（鉄道カメラマン・牧野和人）

政宗公と陸羽東線の歴史薫る駅

伊達政宗の居城があった町の駅、陸羽東線岩出山《いわでやま》駅。新駅舎が建った後も木造駅舎を解体せず、鉄道資料館&野菜直売所として存在している。陸羽東線の各駅の昔の姿など、ここならではの資料に加え、列車サボなどの展示物は貴重。疏水百選に選ばれた内川沿いを歩いて有備館駅まで歩くのもおすすめ。

（鉄道イラストレーター・松原一己）

塩の精製作業に魅入られる

奇岩が連なる日本海の名勝・笹川流れ。海に向かって急峻な岩場が突き出す狐崎《きつねざき》をいただく寒川地区に、食塩の精製と販売を行う「笹川流れ塩工房」（羽越本線越後寒川《かんがわ》駅から徒歩15分）があり、海水を煮詰めて塩にする作業を間近で見学できる。灼熱の工房で淡々と仕事を進める職人さんの姿が凛々しい。

（鉄道カメラマン・牧野和人）

彌彦《いやひこ》神社への参詣駅

弥彦線の終点となる弥彦駅は越後国一の宮である彌彦神社の最寄り駅。本殿を模した駅舎は開業当時からの木造駅舎だ。駅北側から彌彦神社の参道へ通じ、弥彦温泉の温泉街が広がる。さらに弥彦山ロープウェイを利用すると、弥彦山の山頂まで行くことができる。

（鉄道カメラマン・松尾 諭）

彌彦神社をモチーフにした弥彦駅

レトロな看板建築の街を歩こう

常磐線の石岡駅に近い国道３５５号沿いには、昭和を感じさせる看板建築の街並みが残っています。１９２９（昭和４）年に大火があり、街のほとんどが焼けてしまったため、その後にいっせいに建てられた建物が残っているのだそう。街歩きのマップも充実し、お休み処もあるので、ふらりと立ち寄ってみてはいかがでしょう。

（女優・ライター　谷口礼子）

電気機関車が運転できる！

信越本線横川駅のすぐそばにある碓氷峠鉄道文化むらは、電気機関車の体験運転ができることで有名な施設。急勾配の峠を越えていた、横川〜軽井沢間の歴史を今に伝える大切な役割を担っています。また、横川駅といえば「峠の釜めし」の「おぎのや」本店があり、碓氷峠の歴史を感じられる場所です。

（鉄道タレント・古谷あつみ）

“トレインミュージアム”日暮里

日暮里駅の北改札口からすぐの跨線橋「下御隠殿橋《しもごいんでんばし》」はトレインミュージアムとも呼ばれ、山手線・京浜東北線・新幹線・高崎線・東北本線（宇都宮線）・常磐線・京成本線と14本の線路を見わたすことができる。大人から子どもまで楽しめる日本最大の鉄道ウォッチングスポットだ。

（鉄道カメラマン・松尾 諭）

国技館のある町らしい駅

両国国技館の最寄りとなるＪＲ両国駅では、相撲にまつわる展示物が見られる。歴代優勝力士の表彰写真や、土俵風の床、横綱36人の手形など、相撲ファンにはとても楽しい。また3番線への通路には「両国ステーションギャラリー」もある。

（乗り物ライター・安藤昌季）

寝台車の寝台に泊まろう

JR馬喰町《ばくろちょう》駅に直結した「トレインホステル北斗星」は、寝台特急「北斗星」で使用された寝台設備を活用した宿泊施設。本物の部品を使用した懐かしい寝台に泊まれるので、趣味と実益を兼ねた施設と言える。目玉はA個室寝台「ロイヤル」を再現した半個室だ。

（乗り物ライター・安藤昌季）

生まれ変わった小淵沢駅

中央本線小淵沢駅がリニューアルし、屋上に展望台ができました。晴れた日には八ヶ岳や富士山も望めます。休憩できる交流スペースや「丸政《まるまさ》そば」、土産店もあり、絶景・グルメ・お土産と全てがそろう一石三鳥駅です。

（鉄旅タレント・木村裕子）

信州の温かい心に触れた名産館

大糸線の南小谷《みなみおたり》駅で列車を降りると、多くの人が山へ向かうバスに乗り込んで姿を消しました。次の列車を待つ私は、その時なんと携帯電話を紛失して心細い旅の道中。徒歩10分の「おたり名産館」で信州名物のおそばを食べてやっと人心地。お店の電話を借りて携帯をなくした駅に連絡した、懐かしく温かい思い出です。

（女優・ライター　谷口礼子）

おおさか東線のビュースポット

２０１９（平成31）年3月に全線開通した新大阪と久宝寺を結ぶおおさか東線。高井田中央駅から徒歩6分ほどの「川俣スカイランド」は入場無料の公園で、駐車場からエレベーターで上がった踊り場からおおさか東線が見下ろせる。屋上には芝生の広場があり、憩いの場としても利用できる。

おおさか東線の普通列車として走る2001系

（鉄道カメラマン・松尾 諭）

神話の国で学ぶ剣とたたらの歴史

木次線出雲横田駅で次の列車まで時間が空いて、待合室をうろうろしていた私に、駅の職員さんが「時間があるなら見てきたらいい」と荷物を預かってくれました。「奥出雲たたらと刀剣館」までは徒歩20分かかりましたが、神話の国出雲で千年以上続く鉄作りについて学べる充実の展示。思いがけない知識を得ました。

（女優・ライター　谷口礼子）

建物も文学も楽しめる

JR西日本の観光快速「〇〇のはなし」も乗り入れる、山陰本線仙崎駅から徒歩5分のところに「金子みすゞ記念館」がある。大正時代から昭和初期に活躍した童謡詩人・金子みすゞの生家を改装した記念館は大正レトロ感あふれるつくり。遺稿集なども展示され、興味深い。

（乗り物ライター・安藤昌季）

激旨グルメ編

味の大正解「ずんだシュー」

乗り換えの都合上、小牛田《こごた》駅で下車したことのある人は多いだろう。この時間を利用してぜひとも行ってほしいのが、駅近くの和菓子屋「風月堂」。戦前からの老舗が作る「ずんだシュー」は、ずんだがもりもり詰まったシュークリーム。大正解のおいしさに、「もっと買えばよかった」と後悔せずにはいられない。

（旅の文筆家・蜂谷あす美）

駅チカのB級グルメにヤミツキ

外房線の茂原駅周辺のB級グルメ「もばらーめん」は、豚バラ肉が山ほど盛られた珍しいラーメンです。駅に一番近い「鷸《しぎ》」のもばらーめんは、玉ねぎが絶妙な火の通り加減で歯ごたえがヤミツキ。醤油味の濃い目のお汁も麺に合います。他にもたくさんの店が味を競っているのでぜひ食べ比べを！

（女優・ライター　谷口礼子）

豚バラ肉がたっぷりの「もばらーめん」

宇高連絡船を思い出す讃岐うどん

JR上野駅構内にある「親父の製麺所」は、香川で製麺されたうどんをゆで上げた讃岐うどん専門店。柔らかいが腰のある麺と、淡いだしの効いた汁はごまかしのない本場の味。かつて宇高連絡船内で食べたおいしいうどんの味を思い出し（本当に似た味）、涙した。

（乗り物ライター・安藤昌季）

ホタルの住む街で味わう和菓子

飯田線の終着駅・辰野は、ホタルが有名な水のきれいな街。駅前から歩いて7分ほど、天竜川の近くにある和菓子屋「菓子司　味香月《みかづき》堂」の名物は「元祖ほたる饅頭」。優しいご夫婦が毎日仕込むこだわりの和菓子は、新製品も続々開発され、いつも新鮮です。お土産や食べ歩きにおすすめです。（女優・ライター　谷口礼子）

旅のエネルギー補給は「さわやか」に!?

げんこつハンバーグの炭焼きレストラン「さわやか」は、静岡県民が愛してやまないレストラン。大きなハンバーグを目の前でジュージュー焼き付けてくれる光景が圧巻！　静岡県にしかないというプレミア感も◎。新静岡セノバ店はJR静岡駅から徒歩圏内、浜松遠鉄店は浜松駅前にあります。（鉄道タレント・古谷あつみ）

真夏の駅そばは〝冷やし〟で

旅の途中で気楽に食べられる駅そば。むせ返るような暑さに辟易とするホームでは夏季限定メニューとして、温麺と同じ丼に入れた麺に、冷たいダシ汁をかけた冷やしそば・冷やしうどんを提供する店がある。東海道本線の静岡駅では在来線ホームで「富士見そば」が営業。当駅始

発終点の列車が多いなか、短い乗り換え時間でも麺を手早くすすることができる。（鉄道カメラマン・牧野和人）

怒った駅舎の中にあるカフェ

飯田線東栄《とうえい》駅は、この地域のお祭りで使う鬼面を模したデザインで、駅舎が怒っているような顔をしています。駅ナカには「ちゃちゃカフェ」があり、11時まではドリンクとサンドウィッチがセットで３８０円という名古屋文化のモーニングもいただけます。（鉄旅タレント・木村裕子）

定番だけど、奥が深い！

ＪＲ名古屋駅といえば、多くの人に愛される「名代きしめん　住よし」が人気！　駅構内には「住よし」の店舗が複数ありますが、私のおススメは在来線ホームのお店。新幹線ホームの店舗にはフライヤーがないので、揚げたての天ぷらは、在来線ホームのお店でしか味わえないのです。（鉄道タレント・古谷あつみ）

並んでも食べたいたこ焼き

飛騨路と美濃路の入り口、美濃太田駅北口近くの「たこまる」は、地元でも人気の隠れた名店。大きいたこ焼きはタコも大き目。魚介の粉末で味わい深く、素材の味が引き立つダシが効いています。ただしアツアツが店のポリシーなので待ち時間も計算しておきたいですね。（鉄道イラストレーター・松原一己）

真珠の里で人気の大盛店

水族館や真珠島等の観光施設が並ぶ三重県鳥羽市。参宮線終点の鳥羽駅駅舎側から近鉄の線路に沿って３００ｍほど進んだ所にあるレストラン「キッチンたかま」は、洋風の定食等の多くが大盛で提供される人気店。観光地帰りの休憩におすすめのパフェ類も迫力ある大きさだ。（鉄道カメラマン・牧野和人）

予約するに値する伝統の贅沢駅弁

ＪＲ米原駅構内にある「お弁当の井筒屋」は、名物駅弁「湖北のおはなし」などで知られる駅弁屋。百余年の歴史をもつ老舗だけに外れはないが、おススメは「ステーキ弁当」。国鉄時代から存在する伝統の駅弁だ。香ばしい牛肉ステーキを、醤油とマスタードのシンプルな味付けで楽しめる。（乗り物ライター・安藤昌季）

漁師町のさんま寿司が絶品！

熊野灘を望む港町の駅、紀伊長島。この地方の名物のひとつがさんま寿司で、駅のすぐ前にある「万両寿司」で味わえます。テイクアウトも可能で、焼きさんま寿司とのセットも選べるので駅弁代わりとして購入するのもあり。ここから南下するのなら、海を見ながらの絶景区間です。（鉄道イラストレーター・松原一己）

中華麺に和風だしの「えきそば」

山陽本線を西進する18きっぷ旅で新快速を利用する場合、日中は姫路駅での乗り換えを強いられる。この姫路で待ち時間を作ってまで食べたいのがホーム上にある「えきそば」だ。終戦後の1949（昭和24）年に誕生した「えきそば」は、黄色い中華麺に和風だしという組み合わせがくせになるおいしさでリピーターも多い。

（鉄道カメラマン・松尾 諭）

わざわざ訪れたい駅弁の最高峰

JR宮島口駅前にある「あなごめしうえの」は、1901（明治34）年創業の老舗料理店。店名にもなっている駅弁「あなごめし」は、アナゴの骨から取った出汁で炊いたご飯、深いコクのタレ、やわらかく、香り高いアナゴが絶妙の組み合わせ。駅弁大会にもほぼ出ない店だけに、ぜひ現地で味わってほしい。

（乗り物ライター・安藤昌季）

こだわりぬいた牛乳が飲める！

出雲市駅に訪れたらぜひとも飲んでもらいたいのが木次《きすき》乳業の「木次パスチャライズ牛乳」。低温殺菌にこだわったからこその濃厚な味わいとコクに心を奪われることと間違いなし。また、牛乳のふるさとである木次線を走る「奥出雲おろち号」では、車内で木次牛乳を使った食べ物の販売が行われている。

（旅の文筆家・蜂谷あす美）

豊富なカニが贅沢な駅弁

鳥取駅で営業する駅弁屋「アベ鳥取堂」は、創業明治43年の老舗。合成保存料などを使わない名物駅弁「元祖 かに寿し」は半世紀を超えるロングセラーだ。オススメは冬季限定の「山陰鳥取 かにめし」。日本海のカニをふんだんに使った炊き込みご飯はとても満足度が高い味だ。

（乗り物ライター・安藤昌季）

カニの形の容器に、カニの身がたっぷりの「山陰鳥取かにめし」

本場の香川うどんを駅構内で

高松駅のホームにある「連絡船うどん」は、かつて鉄道連絡船のデッキにあったお店で、しっかりしたコシのある本格的な讃岐うどんがいただけます。船内をイメージしたお店から、頭端式のホームに入ってくる列車を眺められるとっておきの駅グルメです。

（鉄旅タレント・木村裕子）

駅チカの本格佐世保バーガー

佐世保駅みなと口から歩いて1～2分の「させぼ五番街」にある「ハンバーガーショップヒカリ」。本店は1951（昭和26）年に佐世保で創業した老舗だ。営業時間は10時～21時までと18きっぷ旅にも心強い。イートインも可能で本格的な佐世保バーガーが食べられる。

（鉄道カメラマン・松尾 諭）

駅舎内の本格カレー専門店

ホームから大村湾が眺められる大村線の千綿《ちわた》駅。駅舎内には夫婦で切り盛りする「千綿食堂」がある。フードメニューは日替わりカレーのみで、本格的なスパイスカレーが食べられる。カレーはなくなり次第終了なので早めの訪問をおすすめしたい。

（鉄道カメラマン・松尾 諭）

楽しい!
始発あり!
おいしい!
ホテルも多い!

18きっぷで泊まるなら こんな駅、こんな街

以下の★は、次のような基準で評価しています。

飲食店…駅から1km以内の飲食店の数
宿…駅から近くにあるホテル・旅館の数
始発…始発の割合
観光…駅周辺の観光名所の数

「青春18きっぷ」で長距離を移動しようとすると、どうしても途中での宿泊が必要になる場合が生じてくる。県庁所在地ならまず飲食店などは“心配ない”が、それ以外で「泊まるなら」おすすめの街をセレクトしてみた。

文／編集部

一日約5000人以上が利用する旭川駅。旭川駅から徒歩約30分の場所に位置する旭橋は「北海道遺産」として市のシンボルになっており、遠くには大雪山も望める

旭川駅

動物園だけじゃない!

人気の旭山動物園は駅からバスで40分と、やや離れている。駅南口に直結するあさひかわ北彩都《きたさいと》ガーデンは花々が咲き誇り、忠別《ちゅうべつ》川越しに望む大雪山《たいせつざん》連峰の眺めがいい。対岸の旭川市博物館は先住民族の展示が充実。北口周辺には旭川ラーメンや塩ホルモンなどご当地グルメの店が集中し、天然温泉付きのホテルも多い。

札幌駅と比較

飲食店	宿	始発	観光
★★★	★★☆	★★★	★★★

釧路駅

外せない“駅近”の魚市場

魚介類を味わうなら、駅からすぐの和商《わしょう》市場は外せない。「炉《ろ》ばた」発祥の地といわれ、特に駅から徒歩15分ほどの幣舞《ぬさまい》橋周辺に、安くて種類・量ともに豊富な店が集中している。ご当地グルメ「スパカツ」「ザンギ」も人気。幣舞橋は夕日の名所で、近くの港文館《こうぶんかん》は石川啄木《いしかわたくぼく》が勤務した旧釧路新聞社を復元した博物館だ。

釧路駅には1970年まで炭鉱へつながる雄別(ゆうべつ)鉄道が乗り入れていた。駅から歩いて5分の和商市場では市場内の好きな材料をのせる「勝手丼」が人気

札幌駅と比較

飲食店	宿	始発	観光
★★★	★★☆	★★★	★★★

弘前駅

名城と名峰とのコラボが実現

弘前城天守は石垣の補修のため、背景に岩木山が一望できる位置に一時移され、「今しか見られない」名城と名峰のコラボショットが撮れる。駅自由通路の郷土料理を詰めた弁当を販売する「津軽弁」がお手軽。徒歩15分の「あいや」では連日夜に津軽三味線のライブが催される(不定休)。

桜が有名な弘前城までは、弘南バスの市内循環100円バスが便利。弘前城の天守は東北唯一の現存天守なのでぜひ足を運んでおきたい

青森駅と比較

飲食店	宿	始発	観光
★★★	★★★	★★☆	★★★

郡山駅

安くてうまい食事がそろう

西口に隣接するビッグアイ20〜24階の郡山市ふれあい科学館には、面積40㎡の巨大なNゲージジオラマがある。銘菓「薄皮饅頭《うすかわまんじゅう》」「ままどおる」などが知られ、食用鯉《こい》の生産は日本一だが、いわゆるご当地グルメは存在しない。その代わり駅周辺で、ラーメン、焼き鳥など、安くておいしい食べ物が何でもそろう。

郡山駅の在来線ホームでは、2015年4月より郡山ゆかりのアーティスト・GReeeeNの「扉」が発車メロディーに採用されている。また、生産量日本一の食用鯉を使った料理は郡山駅周辺の飲食店で食べることができる

福島駅と比較

飲食店	宿	始発	観光
★★★	★★☆	★★☆	★★★

酒田駅

北前船で栄えた街

日本有数の大地主だった本間家の収蔵品を展示する本間美術館は徒歩5分。北前船の廻船問屋・旧鐙屋《あぶみや》や山居《さんきょ》倉庫がある中心街へはバスで10分。バス5分の海向寺《かいこうじ》には2体の即身仏が安置されている。酒田市はラーメンの自家製麺率が80%を超える。トビウオの焼き干しなどがだしの醤油味スープが特徴だ。

本間美術館では本間家に伝わる庄内藩主からの拝領品などを展示している。庭園「鶴舞園」では四季折々の風情が楽しめる

秋田駅と比較

飲食店	宿	始発	観光
★☆☆	★★★	★★★	★★★

松本駅

歴史的建造物が多く残る

駅から現存12天守の一つ、松本城へ向かう途中の縄手《なわて》通り周辺は、城下町の風情を残す町並みに、そばや馬刺しの店などが点在する。城北側の旧開智《かいち》学校は1876(明治9)年築と、国内最古級の小学校建築として近く国宝指定が見込まれている。かつて松本電鉄(現・アルピコ交通)の路面電車が走った浅間《あさま》温泉へは、バスで25分。

松本駅徒歩15分にある国宝・松本城。現存する五重六階の天守のなかでは日本最古である。駅周辺には松本名物のそばや馬刺しが食べられる飲食店が多く軒を連ねる

長野駅と比較

飲食店	宿	始発	観光
★★★	★★★	★★☆	★★★

豊橋駅

東西文化の分岐点

豊橋は鰻《うなぎ》の蒲焼きの“東西の接点”で、関東風・関西風それぞれの店が市内に混在している。ヤマサちくわは魚町《うおまち》が本店、近年はカレーうどんがご当地グルメとして知られる。吉田城跡や美術博物館がある豊橋公園は、豊橋鉄道東田《あずまだ》本線(豊橋市内線)豊橋公園前電停下車。同線には半径11mの日本一の急カーブが存在する。

豊橋駅前から豊鉄市内線が走る豊橋市。豊橋市内線では、6月から9月まで「納涼ビール電車」も運行しており、豊橋の夏の風物詩となっている

名古屋駅と比較

飲食店	宿	始発	観光
★★☆	★☆☆	★★★	★★★

高山駅

飛騨の小京都

伝統的建造物群保存地区の三町《さんまち》へは徒歩10分ほど。郷土料理の店や酒蔵、土蔵造りのカフェなどが点在する。町家を再利用した素泊まりの宿もあり、"小京都"にふさわしい落ち着いた雰囲気に浸れる。ご当地グルメの高山ラーメンは、あっさりした醤油味に縮れ麺が特徴。飛騨牛の握りやみたらし団子などの持ち帰り専門店もある。

岐阜駅と比較

飲食店	宿	始発	観光
★★★	★★★	★★☆	★★★

高山駅から徒歩10分にある「高山陣屋」は飛騨の政治を司った役所。郡代役所の建物が残っているのは全国でもここ高山だけで、国指定史跡となっている

浜松駅

餃子は人気ご当地グルメ

浜名湖産の鰻料理で知られる町だが、近年は浜松餃子が全国的な人気を呼び、市内には300を超す専門店がある。浜松市楽器博物館は北口から徒歩10分。スズキ歴史館（予約制）は東海道本線高塚駅から徒歩10分。新浜松～西鹿島間の遠州鉄道線は、12分ヘッドの高密度運転を行い、近郊へのミニトリップにも便利だ。

浜松駅からバスで5分にある、徳川家康が築いた浜松城は別名「出世城」とも呼ばれている。また、浜松駅周辺では円型焼きやもやしなどの特徴がある浜松餃子が食べられる

静岡駅と比較

飲食店	宿	始発	観光
★★☆	★★★	★★☆	★★★

紀伊田辺駅

海の幸が楽しめる

田辺市は世界遺産・熊野古道の玄関口で、東に約55km離れた熊野本宮《ほんぐう》大社も市域に含まれる。世界的な博物学者・南方熊《みなかたくま》楠《ぐす》が37年間を過ごした地で、駅から徒歩10分の所に旧宅と顕彰館が公開されている。巨大な海藻のヒトハメで包んだ寿司や、地元産のカツオやシラスを使った「あがら(私たちの意)丼」が味わえる。

和歌山駅と比較

飲食店	宿	始発	観光
★★☆	★★★	★★★	★★★

田辺市は、かつて「口熊野」と呼ばれた熊野古道中辺路(なかへち)の始まりの地だ。紀伊田辺駅は2019年7月に新駅舎が完成。(写真は旧駅舎)

姫路駅

短時間の滞在でも楽しめる

国宝・姫路城へは駅から大手前通りを北へ真っすぐ歩いて10分ほど。駅や城周辺には、ご当地グルメのそばとうどんを一緒に焼いた「ちゃんぽん焼き」や、食べ歩きもできる鶏卵まんじゅう、回転焼の店もある。また、姫路ではおでんを生姜《しょうが》醤油で味わう。もちろん中華麺に和風だしの「えきそば」は外せない。

姫路では駅の展望デッキから姫路城がよく見えるほか、駅周辺の飲食店で名物のアナゴ料理やちゃんぽん焼きなどを食べることができるので、時間がなくとも観光気分に浸れる

神戸駅と比較

飲食店	宿	始発	観光
★★★	★★☆	★★★	★★★

福知山駅

古より交通の要所として栄える

南口の旧福知山運転所跡には、転車台とC11形40号機が保存。旧北丹《はくたん》鉄道の本社があった徒歩15分の福知山西駅跡には、2号蒸気機関車のレプリカなどがある。ご当地グルメは蒸し麺の焼きそばで、弾力があることから「ゴムそば」と呼ばれる。お好み焼きは広島風「うす焼き」と、大阪風「あつ焼き」が選べる。

京都駅と比較

飲食店	宿	始発	観光
★☆☆	★☆☆	★★★	★★★

福知山駅から徒歩15分の所にある福知山城は明智光秀が1579年ごろ築いた丹波の拠点。また、駅から徒歩10分の場所には光秀をまつる御霊神社がある

米子駅

山陰地方の交通の要

愛称は「ねずみ男駅」。0(霊《れい》)番のりばでは境線の「鬼太郎《きたろう》列車」が各種見られる。構内にある吾左衛門鮓《ござえもんずし》の米吾《こめご》吾左衛門店では、厚手のサバやアナゴと昆布の調和が絶妙の手づくり鮓を販売している。9月までの第1・3水曜日には、後藤総合車両所本所の見学ツアーも催されている(2021年の開催は見合わせ)。

鳥取駅と比較

飲食店	宿	始発	観光
★★★	★☆☆	★★★	★★★

鉄道の街といわれる米子。駅前には「山陰鉄道発祥之地」としてC57形蒸気機関車の動輪と客車の車輪のほか、鉄道発祥の地と宮沢賢治の童話『銀河鉄道の夜』をかけ合わせたモニュメントもある

岩国駅

錦帯橋が架かる城下町

ご当地グルメは、特産のレンコンと瀬戸内海の新鮮な魚介類の押し寿司「岩国寿司」が代表格。販売店舗は錦帯橋《きんたいきょう》近くの中心市街地に集中している。岩徳線で一つ目の西岩国駅は、錦帯橋をイメージした車寄せと窓のアーチが特徴的な名駅舎。錦帯橋への行き来が便利な路線バス「いちすけ号」も発着しているので、ぜひ立ち寄りたい。

観光名所が多くある岩国城周辺までは岩国駅からバスで約20分。岩国駅からだと少々距離はあるが、城下に架かる「錦帯橋」は日本三名橋の一つなので、ぜひ訪れたいスポットだ

山口駅と比較

飲食店	宿	始発	観光
★★★	★☆☆	★★★	★★★

宇和島駅

にぎやかな
アーケード商店街

駅前広場には宇和島出身で「鉄道唱歌」を作詞した大和田《おおわだ》建樹《たけき》の歌碑や、旧宇和島鉄道1号蒸気機関車が保存。宇和島城へと続くアーケード商店街はいまもにぎやかで、特産の生鯛《なまだい》を使った鯛めしのほか、じゃこ天や真珠貝の貝柱などが味わえる店も点在している。天守は9時からだが、城山は6時から開いている。

じゃこ天は、小魚(雑魚)で作ることから「雑魚天(ざこてん)」と名付けられ、それが変化して「じゃこ天」となったという説と、原料のハランボ(ホタルジャコ)に由来しているという説がある

松山駅と比較

飲食店	宿	始発	観光
★★☆	★★☆	★★☆	★★★

小倉駅

北九州市の中心駅

北九州市の中心駅だけに飲食店にはことかかないが、徒歩10分ほどの市民の台所・旦過《たんが》市場へ足を延ばすのもいい。「じんだ煮」と呼ばれるイワシのぬか炊きは骨まで食べられる。新幹線口に隣接して北九州市漫画ミュージアムがあり、地元出身の松本零士《まつもとれいじ》・北条司《ほうじょうつかさ》・わたせせいぞう各氏らの作品が楽しめる。

駅から歩いて15分にある小倉城が有名な小倉。駅からは、全国でも数少ないモノレールが走る。跨座(こざ)式モノレールで、空中から小倉の街を堪能しよう

博多駅と比較

飲食店	宿	始発	観光
★★☆	★☆☆	★★☆	★★★

佐伯駅

列車本数は少ないが見どころはたくさん

日豊本線佐伯《さいき》～延岡間は普通列車が少なく、佐伯市に宿泊を余儀なくされることも。城下の通りは「歴史と文学の道」として整備され、国木田独歩《くにきだどっぽ》館などがある。佐伯の海で獲れる地魚を用いた大ぶりなネタの佐伯寿司は“世界一”をうたう。特にアナゴが絶品という。ラーメンは濃いめの豚骨《とんこつ》スープが主流だ。

写真／小川浩之

佐伯駅からバスで約6分、そこから徒歩20分ほどの場所にある佐伯城は、天守はないものの、江戸時代からの石垣が残り「続日本100名城」に認定されている。山道を歩くが、城からは豊後水道の美しい景色が見わたせる

大分駅と比較

飲食店	宿	始発	観光
★☆☆	★☆☆	★★★	★★★

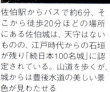

編集
　真柄智充（天夢人）

編集協力
　切替智子

ブックデザイン
　小林幸恵（エルグ）

校閲
　木村嘉男

旅鉄BOOKS 045

新 青春18きっぷの教科書

2021年5月31日　初版第1刷発行

編　者　「旅と鉄道」編集部
発行人　勝峰富雄
発　行　株式会社天夢人
　　　　〒101-0054　東京都千代田区神田錦町3-1
　　　　https://temjin-g.com/
発　売　株式会社山と溪谷社
　　　　〒101-0051　東京都千代田区神田神保町1-105
印刷・製本　大日本印刷株式会社

◉ 内容に関するお問合せ先
　天夢人　電話 03-6413-8755

◉ 乱丁・落丁のお問合せ先
　山と溪谷社自動応答サービス　電話 03-6837-5018
　受付時間　10時-12時、13時-17時30分（土日、祝日除く）

◉ 書店・取次様からのお問合せ先
　山と溪谷社受注センター　電話 03-6744-1919　FAX03-6744-1927

Printed in Japan
ISBN978-4-635-82294-7